宣教師が見た信長の戦国

フロイスの二通の手紙を読む

髙木 洋【編・著】
Hiroshi Takagi

風媒社

はじめに

信長のイメージと記録

　私たちは、しばしば歴史上の人物に特定のイメージを与える。それをより具体的な実像として結ぶためには、ある程度想像の翼を広げることも必要だろう。その元となるのは、言い伝えや後からまとめられた地誌などの記録、軍記物、講談や歌舞伎、小説に至るまで、実にたくさんある。これらによってある固定化した人物観ができあがっているという点で、織田信長は戦国武将の中で筆頭格だろう。好きか嫌いか、人によってはっきりと分かれる傾向にあるのも、そのせいかもしれない。しかし、好き嫌いで人物が評価されているだけなら罪がないが、事実と虚構の境目が曖昧なまま、想像されたイメージに引きずられるようにして歴史が語られるのは、やはり少し具合が悪い。

　幸いなことに、信長の場合はほぼ同時代、しかも実際に彼と対面した人が書いた記録がある。太田牛一の『信長公記《しんちょうこうき》』は、信長の死後にまとめたものとはいえ、弓衆としてその近くにいた人の著作である。権大納言《ごんのだいなごん》山科言継《やましなときつぐ》の日記『言継卿記』は、公家として信長政権の外にいた人だけに、かえってその記述の客観性が評価されるだろう。

日本史と西洋史との接点

そして本書で取り上げるのが、イエズス会宣教師ルイス・フロイスである。信長は京都での初会見以来、何度もフロイスと顔を合わせている。彼の人生で初めて会った西洋人がフロイスで、インドやヨーロッパのことを質問し、家臣たちとは交わさない種類の会話をして、普段は外に出さない顔を見せた。フロイスの方も、ただイエズス会士としての職務というだけでなく、信長という人間を見、それを書き留めようとした。それは時に、二つの異なる文化が対話しているかのようであった。

現代の私たちから見ると、それは日本の歴史がこの頃初めて、西洋史と直《じか》に接点をもったということでもあった。十五世紀後半、ポルトガルは世界を東西に分割して領土とする条約をスペインと結び、アフリカ・アジアに跨るいわゆる「海上帝国」の建設を進めた。イベリア半島の二国が世界分割を取り決めたのだから勝手な話だが、ポルトガルはこれを根拠に、アジアではインドのゴア、マレー半島のマラッカ、中国のマカオなどに交易の拠点を設けていった。同時にローマ教皇からキリスト教の「布教保護権」なるものを与えられ、イエズス会の活動を支援することを大義名分としてこの事業を推し進めた。従ってこの海外進出は、貿易と布教が表裏一体となったものだった。最初の宣教師フランシスコ・ザビエルも、そしてフロイスも、このようなポルトガルの国策にも沿う形で来日したのである。

イエズス会の宣教師は、日本国内で手紙のやりとりもしたが、それをマカオ、ゴアを経由してローマの本部やポルトガルなどに報告書として送った。それは膨大な数に上り、ヨーロッパに戦国時代の日本の情報が大量にもたらされることになった。またそれらの手紙は各国で収集され「書簡集」として印刷刊行されたので、ヨーロッパの一般国民にも広く日本の様子が知られるようになったのである。その中には、日本の政治、社会、宗教、戦争、また信長らが活躍した岐阜、安土、京都の様子などについて、フロイスが書き記した記事がたくさん含まれている。

本書の構成

本書「上の章」では、フロイスが九州肥前に上陸してから後の戦国日本の状況を、一五六九年（永禄十二）時点の京都や岐阜の記述を中心に追った。この年は信長上洛の翌年で、二人が初めて会い、フロイスがこの新しい権力者にある種の期待感をもち、その行動を記録していく端緒を開いた年である。また現在、岐阜の信長の居館跡と考えられる遺跡の発掘調査が進められている。これはフロイスが実際に見学し、「信長の宮殿」として内部の様子を記述したものである。進行中の調査であり、今後新しい展開も予測されるが、現時点での状況と課題について、コラムとして髙橋方紀が執筆した。

「下の章」は、同じ年の六月一日と七月十二日、フロイスが京都から仲間の宣教師宛に出した二通の手紙の日本語訳である。六月の手紙は、彼が京都を出て岐阜の信長を訪ねるまでの経緯、七月の方が岐阜訪問の成果について記したものである。信長の人格、僧侶との争い、有力者との交渉経過、岐阜の館・城・町についてなど、興味深く重要な内容をもつ。なお本書で用いたテキストは、岐阜市歴史博物館所蔵の書簡集の中にあるもので、一五七五年、スペイン中部の都市アルカラで発行されたスペイン語版の刊本である。

宣教師が見た信長の戦国——フロイスの二通の手紙を読む

ルイス・フロイス像（坂井公明作）
長崎県西海市横瀬浦公園

［上の章］

フロイスと信長

一　フロイスの日本上陸

横瀬浦入港

一五六三年（永禄六）夏、肥前横瀬浦の港に、「ナウ」と呼ばれる大型のポルトガル船が到着し、一人のカトリック宣教師が下りてきた。イエズス会司祭ルイス・フロイスの、日本上陸の第一歩である。この時彼は三十一歳、後に長崎で亡くなるまで、三十数年の後半生の大半を日本で送ることになる。

リスボン生まれのフロイスは、一五四八年インドのゴアに派遣された。海外に貿易の根拠地を求めたポルトガル王国にとって、「黄金のゴア」とも呼ばれたこの町は、アジアの首都というべきところである。ここで彼は、イエズス会創始者の一人であるフランシスコ・ザビエルと会って深い感銘を受けたのであるが、同時に日本から来たアンジロウ（ヤジロウ）と知り合ったのは、その後の彼の人生を思うと、実に運命的な出会いであった。鹿児島出身のアンジロウは日本人最初のイルマン（修道士）とされる人物で、ゴアの学院でヨーロッパの学問を修め、翌年のザビエル日本訪問の功労者となった。フロイスの日本行はその十五年後で、その時すでにザビエルは亡くなり、アンジロウ

現在の横瀬浦……島と入江が続く地形は今も変わらない。入江の先に八ノ子島がある。

も行方が知れなかったが、彼の来日はこの二人によって導かれたといってよいかもしれない。

フロイスが下船した横瀬浦は、現在の長崎県西海市横瀬、大村湾の入口近くに位置し、岬や小島に囲まれた波静かな港である。入江の前方にある八ノ子島という小島の頂上には、再現された巨大な十字架が立ち、ここがかつて外来のキリスト教文化との接点の地であったことを思い起こさせる。フロイスより先に九州で活動していた修道士が、この横瀬浦の風景を描写している。

「この港は平戸から六里の所にあり、外海から入る時にはかなり接近して

16世紀の肥前

からでないと入口が判らず、（湾）内には幅二里足らずで、場所によって甚だ狭く、一帯に多数の集落と船にとって非常に良好な港がある。当港の入口には円形の高い島が一つあって、その頂上に一基の十字架が立ち、遥か遠方からでも見える。……この島の内（側）は甚だ良港なるがゆえに諸船が停泊しており、この港を形成する小さな入り江の、入った右手にはキリシタンの集落が、また（これに）面した（対岸の）高い所に離れて我らの修道院がある」（一五六二年十月二十五日付横瀬浦発信、イエズス会の司祭及び修道士宛ルイス・デ・アルメイダ書簡　文献37）

フロイスが入港したときには、横瀬浦には教会が建ち、キリシタン集落が形成されていたことがわかる。彼らは、ここを「御《お》扶《たす》けの聖母の港」と呼んでいたという。領主・大村純忠も、ここでイエズス会日本布教長コスメ・デ・トルレスから洗礼を授けられ、ドン・バルトロメウという名の日本最初のキリシタン大名になったとされる。純忠の領内のキリスト教化は急速に進められ、仏教寺院の破壊もおこなわれた。フロイスは、到着の一カ月後に横瀬浦を訪れた純忠にポルトガル船が運んだいくつかの品々を贈っている。

反発を招いた純忠の教化策

純忠が洗礼を受けたのは、貿易港としての横瀬浦開港と前後する時期であり、ポルトガル船に関して十年間の関税免除まで約束したというから、彼の改宗は純粋な宗教的理由からだけではなく、中国マカオから運ばれる軍事物資を含む交易品も狙いだったと思われる。横瀬浦開港以前、ポルトガル船は松浦隆信支配下の平戸に入っていたが、交易のみに関心を示す隆信の消極姿勢に、イエズス会側がその領地の外に新港を選定したという。この頃のポルトガル政府は、海外貿易推進の一方で、ローマ教皇からイエズス会の布教活動の保護を義務付けられていた。日本側から見れば、キリスト教の支援を条件に、大村が国際貿易港の誘致作戦を成功させたというところだろう。

ただ純忠の急進的な教化策は、その反発として領内に大きな反キリシタン勢力を生む。フロイスが初めて日本から発信した手紙によれば、入港後一カ月あまり経った八月七日、かねてから反純忠派の中心であった武雄の後藤貴明《たかあきら》が蜂起、純忠の家臣のキリシタンを宣教師と見て殺害した後、大村の純忠館や横瀬浦の町に襲いかかった。フロイスら宣教師は、停泊していたポルトガル船に避難して事なきを得、乱も純忠の反撃によって鎮圧された。しかし、横瀬浦の町は開港後わずか一年あまりで焼けてしまい、外国船の受け入れは遥か南方の福田へ移さざるを得なかった。さらにその福田の港でも、平戸の松浦隆信が海上からポルトガル船を攻撃するなど、不安定な情勢が続いた。フロイスが来日した頃の西北九州は、領主間の抗争、交易をめぐる駆け引き、反キリシタン派の攻撃などが複雑に絡み合い、混乱の中にあった。

「願わくば、当初のごとくこの国にデウスの教えを弘めるため、ドン・バルトロメウ［大村純忠］の命により、幾人かの大身が死ぬことで、目下の状況がいっそう清浄となるよう我らの主なるデウスが嘉し給わんことを」（一五六三年十一月十四日付大村の国発信、ヨーロッパの司祭及び修道士宛フロイス書簡　文献37）

反キリシタン派が布教の妨げとなっているからといって、その死まで祈るのは過激で、宗教家のイメージから遠いように感じるが、戦乱の中にあったこの頃のフロイスの率直な考え方だろう。そしてかつてのザビエルがそうであったように、日本の首都「都《メアコ》」での活動を望むようになる。京都は「日本の諸宗旨の中心地、もう一つのローマ」（司祭ガスパル・ヴィレラ）である。領主がポルトガル船の領内誘致を下心にもつ九州と違い、ここなら純粋に精神的動機からキリスト教への改宗が進むと考えたのである。これは後々まで日本イエズス会の一貫した方針でもあった。（文献19）

その都では、フロイスの人生に大きな影響を与えた織田信長に謁見することになるのであるが、このとき信長はようやく尾張小牧山に移ったばかり、二人の出会いはまだ先のことである。

二　待望の都へ

平戸を出発

来日したばかりのフロイスが、すぐに都へ赴任できるわけではなかった。この年十二月、彼は平戸の北にある度島《たくしま》という島へ移った。彼は平戸の領主松浦隆信に掛け合って、ポルトガル船の入港と引き換えに、教会の建設を認めさせるという成果を上げる。「御宿りのサンタ・マリア教会」、日本名を天門寺といい、当時、日本の教会で最も大きく美しいと称えられたという。

しかしフロイスにとって、より大きな意味があったのは、ここでスペイン人修道士フアン・フェルナンデスから日本語や日本の風習について学んだことだろう。数カ月という短期間で完全ではなかっただろうが、この学習が、イエズス会の年報作成や『日本史』の著述など、後の彼の執筆活動の基礎をつくったと思われる。フェルナンデスは外国人とはいえ、この時点ですでに在日十四年あまり、通訳としてザビエルの上京にも同行した最初期の宣教師で、生涯一修道士として日本に骨を埋めた人である。

『日本史』によれば、一五六四年（永禄七）十一月十日、フロイスは待望の都を目指して平戸を出発、六五年一月一日に大友宗麟支配下の豊後《ぶんご》から瀬戸内海を東行した。同行はアルメイダ修道士の他キリシタン数名で、インド人と中国人も含まれていたという。伊予の堀江から塩飽、坂越と船を乗り継ぎ、堺に到着、大坂を経て都に着いたのが二月一日であった。三カ月近くを要し、大坂では石山本願寺を焼いた大火に遭遇するなど、楽ではない旅だったらしい。都では、先輩司祭ガスパル・ヴィレラの出迎えを受けた。

ヴィレラの活動

実は、フロイスの上京は、都での布教体制の強化が目的で、彼の使命は、この地方の責任者であるヴィレラを支援することだった。ヴィレラは在京することすでに五年半、後述する日本人修道士ロレンソとともに、首都における布教に大きな足跡を残した人物である。都に入る糸口を求めて近江坂本から比叡山の延暦寺に二度も登るなど、無謀とも思える行動をし、都では宿所を次々に替えながら、町の中で辻立ちもした。人びとに対する町中での布教がどれほどの成果を上げたか少し疑わしいところもあるが、結局は都での活動を保証する将軍足利義輝《よしてる》の制札の交付を受け、下京に小堂を営んでこの地方における活動の基礎を築いた。毎年義輝の家臣たちを招いて歓待し、異教徒の中にも理解者を得ておこうとする地道な努力も続けていた。生活も日本流に変え、食事は鰯にかぶら汁、瓢箪に入れた日本酒が健康の秘訣だったという。事実上九州などに限られていたイエズス会の活動拠点を都にまで広げた功績は大きい。

ヴィレラは、かつてザビエルが第一の望みとした日本の中心での布教という一大事業に、先鞭をつけた重要人物である。しかし本書においては主人公ではない。ザビエル来日から十数年、時代は動き、都という舞台は新しい主役を必要としていた。

三　将軍殺害、そして宣教師の追放へ

松永久秀らのクーデター

一五六五年（永禄八）、都は波乱の年であった。この年の六月十七日、邦暦では五月十九日、足利義輝が松永弾正久秀《ひさひで》と三好三人衆のクーデターで殺害された。武家の最高位にある室町将軍までもが殺されてしまうという一大事であるが、制札の交付を受けていたヴィレラたちイエズス会宣教師にとってもきわめて重大な出来事であった。フロイスはこの二日後には、豊後の宣教師たちに宛てて慌しく事件を速報していて、その衝撃の大きさが想像できる。「公方様の宮殿」つまり将軍御所を包囲した三好勢一万二千人に対して、襲撃を予想していなかった義輝方の守りはわずか二百人だったという。

「彼ら［三好勢］は宮殿に火を掛けるよう命じた。公方様が自ら出ようとしたが、その母堂は彼に抱きつき（引き留め）た。彼女は我らを大いに歓迎した尊敬すべき老婦人であった。しかし、彼は火と必要に迫られ、家臣とともに出て戦い始めたが、腹に一槍と額に一矢、顔に二つ

足利義輝像（国立歴史民俗博物館蔵）

の刀傷を受け、その場で果てた」（一五六五年六月十九日付都発信、豊後の修道士宛ルイス・フロイス書簡　文献37）

義輝が出した制札は、「波阿伝連（パアデレ）」宛に狼藉や無理やりの宿取りの禁止など、三カ条からなっていたが、現実にはこれですべて意味がなくなってしまった。それどころか、七月末に朝廷は「大《だい》うす逐払」、つまりデウスの教えを広める宣教師の追放を決定し、八月一日（邦暦七月六日）には、正親町《おおぎまち》天皇から正式に洛中に伴天連追放令が布告されたのである。

都からの退去

クーデターから追放令布告までの約一カ月半の間、公家や法華宗徒の中には、宣教師の殺害を主張する動きがあったが、三好家中のキリシタンの家臣ら六十名が抵抗し、教会に立てこもったため、結局二人の司祭の都からの追放という形に落ち着いた。七月二十七日にまずヴィレラが、そして追放令布告の前日にはフロイスが都から退去して当面の危機は回避された。二人は河内の三箇というところで合流し、その後は堺に移って活動を続けた。

ヴィレラは、追放令布告の翌日、日本布教長のコスメ・デ・トルレスに宛てた手紙で、松永久秀や三好勢の権力は長続きしないだろうと述べ、堺で活動中にも「遠からず私は当地より都に戻ることになろう」と言っていた。長年孤軍奮闘し、思いを残してきた都であるから無理もない。しかしそれは根拠のない彼の希望的観測にすぎなかった。翌一五六六年、布教長は突然ヴィレラに九州豊後への異動を命じ、フロイスには残留を指示する。布教長の高齢と病弱、また日本人の聴聞にイエズス会随一のヴィレラの語学力が必要だったともいうが、詳細はわからない。いずれにしても、今度はフロイスが堺で独り奮闘することになった。日本の首都への復帰と教会の再建という新しい目標の達成は、彼に委ねられたのである。

四　都への復帰

困難をきわめた教会の維持

「ルイス・フロイス師が堺にいることすでに五年になったが、（彼を都へ）連れ戻す人間的な望みははなはだ乏しかった」（『日本史』文献29）

「人間的な望み」というのは、デウスの神意は別として、司祭を都へ戻したいというキリシタンたちの現実的なこの世での願望、あるいは期待していた可能性といった意味である。都への復帰は日本布教長トルレスの方針であったし、フロイス自身それを熱望していたが、機会はなかなか訪れなかった。彼が都を出て堺に住んだ期間は、実際には四年足らずであるが、それにしても当初ヴィレラが考えていたような一時的な滞在では済まなくなっていた。次期将軍を担いだ篠原長房に期待をかけたりしたが、都はまだ争乱状態で、実際それからどうなるのか、先行きははっきりしなかった。もっとも堺も、宣教師が「日本のヴェネチア」と呼んだ大都市である。布教活動を進めるフィール

定航船模型（天草市立天草キリシタン館蔵）

ドとしての魅力は十分備えていると思われるし、実際フロイスもこの間無駄に過ごしたわけではない。新たな信者の獲得に努力し、おそらく日本人キリシタンとの共同作業だろうが、解説書などの日本語訳もおこなっていた。

しかし、教会の維持は困難をきわめた。一五六六年フロイスは、司祭や日本人の修道士らは普段は大根の葉や米、祝日のみに塩漬けの鰯を食べており、四百五十クルザードの年間経費では不十分だと、ゴアの司祭宛に訴えている。また現実的な経済的問題に加えて、ヴィレラが去った後は、情報の不足から来る孤独感も彼を苦しめた。一五六八年十月四日付の彼の手紙（文献37）では、中国からの定航船《ナウ》が日本に着いて四、五カ月になるのに、手紙も何の知らせも受け取っていないこと、こちらは毎年状況を報告しているのに、その返事が三年間もないことなど、その不安を率直に吐露している。通常、他のイエズス会員や会そのものに対する批判的な文書は非公開とされるはずだから、表にあらわれたこの手紙の表現は穏やかで抑制されたものではあるが、実際には彼はかなり苦悩していたのだろう。日本の中心地域でたった一人の司祭として頑張っているのだから、もう少し注意を払ってくれてもいいだろう、といった嘆きの声が聞こえてくるようだ。

信長の登場

ただ、現代の私たちにとっては、このフロイスの苦闘を示す手紙の最後の方で、追伸のように添えられた短い一節の方が重要である。

「ところで、五、六日前、尾張の国王〔織田信長〕が、都で殺された公方様〔足利義輝〕の兄弟〔足利義昭〕を武力によって（将軍職に）就かせるために、突然六万の軍勢を率いて都にやってきました。たいへん大きな戦さが起こることは避けられないでしょう」（イエズス会文書館所蔵一五六八年十月四日付堺発信、フロイス書簡写本　文献39）

「尾張国王」という言い方で、フロイスの記述に信長が初めて登場する。このとき彼は、信長上洛が歴史上の転換点となることを予感しながらも、それが具体的にどういう意味をもち、自分や堺の町にどう影響するのか、すぐには判断がつかなかったのだろう。この段階では簡潔に事実のみを書き、彼が得意とする人物評価をしていない。しかし、事態は急速に展開する。堺の町が軍用の課役を納めなかったことや、三好三人衆に協力したことなどを理由に、市街を焼き払って男女を問わず処刑すると、信長が脅しをかけてきたのである。町は逃げ惑う人びとで大混乱に陥り、フロイスも教会の祭具とともに尼崎などに一時避難した。結果的には堺の側が屈服し、二万両の上納と誓約書の提出で事が収められて、彼も教会に戻った。町はまた動き始めたが、ここで彼にとって二つの大きな変化があった。一つは有能な日本人修道士ロレンソが派遣されてきたこと、もう一つが和田惟《これ》政《まさ》という強力な理解者を得たことである。惟政は、もと足利義輝の家臣で、クーデター後は弟の義昭（義秋）を支えて尽力し、信長への橋渡しに成功した。常にキリシタンの側に立って行動したので、フロイスが書いたものの中で、惟政については称賛ばかり、批判めいた言葉がまったく出てこない。健康状態が優れないときには、病状の心配までしている。信長にも義昭にも直接話ができるという、惟政の立場がフロイスにとってきわめて有利であったということもあるが、非キリシタンの有力者では例外的といってもいい評価の高さである。

一五六九年三月二十六日、フロイスは、惟政らの助言に従って、信長や新将軍へ都での布教活動保護を願い出るため堺を出発した。摂津の富田寺内、芥川城、山崎から山城に入り、桂川を経て、出発の翌々日に都に入った。追放退去以来、三年九カ月が経っていた。

【コラム】フロイスの手紙と『日本史』

布教活動の報告書として

フロイスは肥前横瀬浦からの最初の発信以来、多数の手紙を、日本国内各地や中国のマカオ、インドのゴア、ポルトガルやローマのイエズス会本部宛に送った。三十年以上にわたる彼の在日期間は宣教師の中で最長であり、彼が健筆家であったこともあって、膨大な量が残されている。イエズス会宣教師が送る手紙は、多くが私信ではなく、布教活動の報告書という性格がある。イエズス会も組織体であり、手紙を書くということも、構成員である彼らの仕事の一つだった。またフロイスは、九州に異動になってから日本各地の活動状況を「年報」としてまとめる担当となった。これらは船に乗せて日本国外、そしてヨーロッパへ送られたが、大切な文書であるので、日本やゴアなどでいくつかの写しが手書きでつくられた。海上での万一の遭難も考え、それぞれ別の船で運ばれたという。現在、イエズス会本部の文書館やポルトガルの国立図書館には、このような手紙の原文や写しが保管されている。

ヨーロッパでは、極東の島国である日本は、異文化の国として一般の人からも関心が寄せられていたらしい。宣教師の報告はもちろんキリスト教の布教という大きな目的の下におこなわれるものであるが、そこに表れている日本の風土や風習は、宗教的な意義は別として興味をそそるものだったに違いない。このためヨーロッパ各国では、宣教師の活動を広く紹介するという名目でこれら手紙や報告の類を収集・

編集し、その国の言葉で翻訳・印刷・刊行する事業が進められた。フロイス研究の第一人者であった故松田毅一博士によれば、一五五二年刊のローマ版を最古として、イタリアの他にポルトガル、スペイン、フランスなど多数の国にわたり、しかも一つの国でも刊行地や刊行年を異にするので、数百種の「書簡・報告集」が発刊されたということである。そのうち、一五九八年ポルトガルのエーヴォラで出版されたもの（エーヴォラ版）は、一五四九年から一五八九年までの間の手紙と報告が掲載されており、そのすべてが日本語に翻訳されている。また一五七五年刊行のスペイン・アルカラ版は、一五七一年までの手紙が掲載されていて、そのうちのフロイスの二通を翻訳して本書の下の章に掲載した。エーヴォラやアルカラは、いずれも重要な宗教都市で、有名な天正の少年遣欧使節もこれらの都市を経由してローマに向かった。

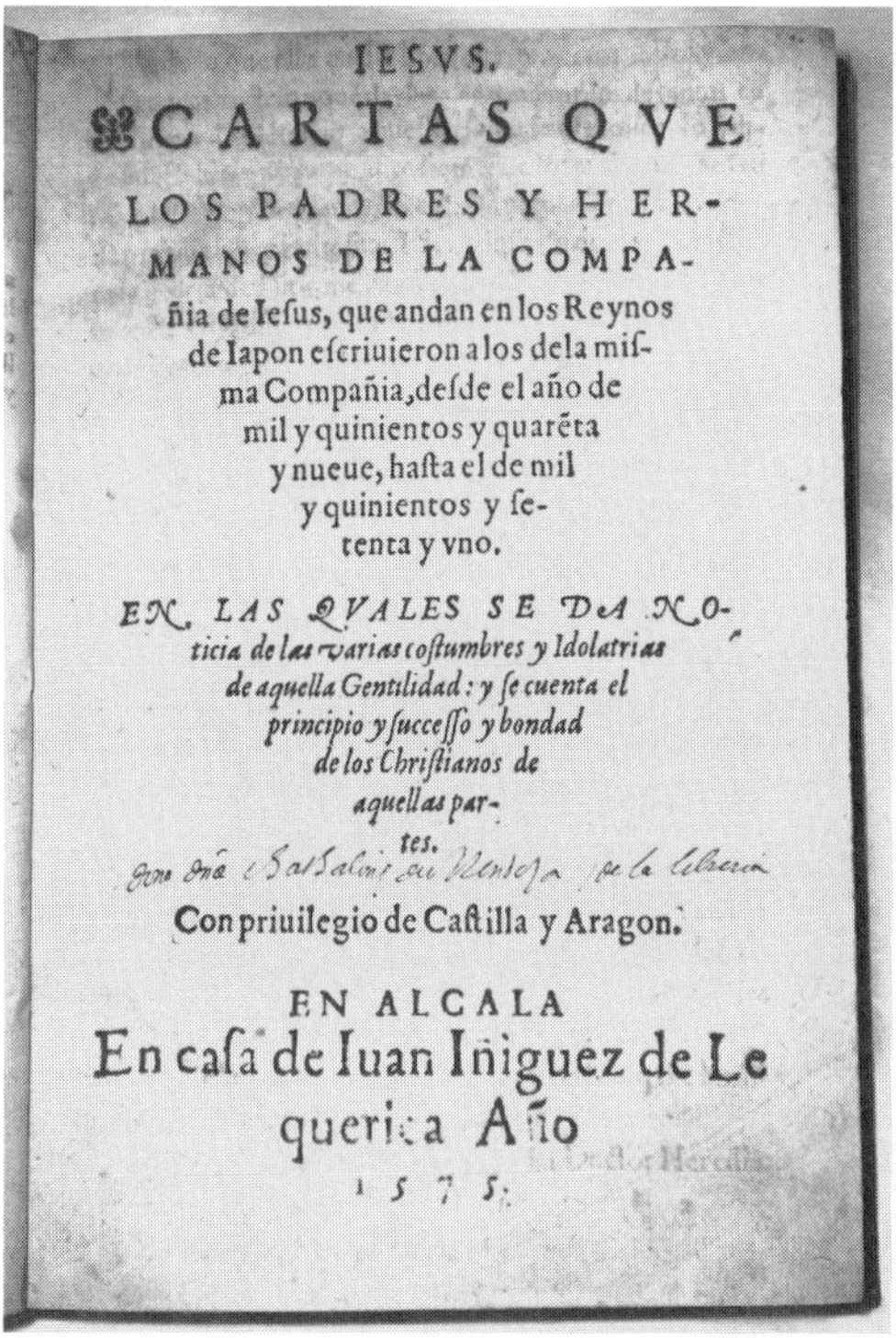
IESVS.
CARTAS QVE
LOS PADRES Y HER-
MANOS DE LA COMPA-
ñia de Iesus, que andan en los Reynos
de Iapon escriuieron a los de la mis-
ma Compañia, desde el año de
mil y quinientos y quarẽta
y nueue, hasta el de mil
y quinientos y se-
tenta y vno.
EN LAS QVALES SE DA NO-
ticia de las varias costumbres y Idolatrias
de aquella Gentilidad: y se cuenta el
principio y successo y bondad
de los Christianos de
aquellas par-
tes.
Con priuilegio de Castilla y Aragon.
EN ALCALA
En casa de Iuan Iñiguez de Le
querica Año
1575.

アルカラ版書簡集の扉（岐阜市歴史博物館蔵）……下方にアルカラ、1575 年の文字が見える。

戦国史研究の画期的史料

フロイスの著作のうち最も有名で、彼の活動の集大成というべきものが『日本史』である。会の指示により一五八三年から執筆を始めた日本布教史で、彼自身の記録者としての才能や年報執筆者としての有利な立場がその事業を後押しした。死の前年あたりまで書き続けたこの大部な著作は、その後原本が失われてしまったが、幸いにもマカオで写しが作成されており、行方不明であったその大部分が再発見された。松田博士らがそのすべての日本語訳を完成させていて、戦国時代研究のために欠かせない史料として活用されている。

手紙や報告書と『日本史』には重複する記事が多いが、後者の方がとくに重要視されているのには理由がある。フロイスはこの著作がローマのイエズス会総長の許へ届けられることを望んでいたが、結果たせず、失意のうちに長崎で亡くなっている。上司にあたる巡察師・ヴァリニャーノという人が、そのあまりの量に、短く簡潔にまとめるように求め、本部へ送ることをしなかったのである。ヴァリニャーノは、フロイスが書くものの冗長さと大仰な表現に辟易していたらしく、これについては責任者として十分に目を通すことをしなかったと思われる。このことで逆に、組織として都合の悪い箇所があったとしても、『日本史』では削除されておらず、史料的価値が高いと考えられたのである。

実際、宣教師が公式に書く手紙や年報はいずれ公開されるものであり、必ず会の組織的な検閲を経ていると思われる。さらにこれを集めて刊行される「書簡集」には、編集過程での誤りや編集者の思惑、印刷時の誤植などが加わる。たとえば、フロイスは家臣たちが信長を恐れる様子を興味深く描いているが、史料のそれぞれで表現の違いが見られる。まず『日本史』では「凶暴な獅子の前から逃れるように」、エーヴォラ版では「眼前に世界の破滅を見たかのように」、本書に載せたアルカラ版では「猛牛を目の前にしたかのように」と、描写が分かれている。アルカラ版は闘牛の国スペインで発行されているので、編集者が猛々しい雄牛をイメージしたかもしれない。ところが最近、松本和也氏が、リスボンの国立図書館に所蔵されるフロイスの手紙（一五六九年七月十二日付）の写本を翻訳され、この部分がエーヴォラ版と同じく「世界の破滅」となっていることがわかった（文献41）。『日本史』の「凶暴な獅子」は、フロイスが本能寺の変までの信長の行動や人格を見た結果、執筆時に手を入れた新たな信長の描写であると思われる。

このような違いは表現方法の差であって、そのこと自体は大きな問題でないかもしれない。ただ『日本史』は、自らの手紙などを下敷きにしながらも後から修正・加筆したものであって、検閲を受けていない分、彼の個人的な思いが込められている可能性がある。例えば、岐阜城で信長と相互にやりとりした贈答品については、『日本史』では信長から贈られたことだけが書かれる。また岐阜での信長との会見後に、宿の主人の態度が一変してフロイスたちを厚遇したことなど、手紙にはまったく出てこない記事である。これらは事実であったかどうかは別として、信長に会うまでの労苦とその後の大きな成果を強調する意図があったことは間違いない。

著作物である以上、執筆者の意思が込められるのは当然である。私たちはそのことを前提にして、フロイスが書いたものを比較対照していく必要がある。（髙木洋）

五　信長に謁見

再び、都へ

　フロイスたちは、さまざまな困難を乗り越えて都に帰ってきた。新しい権力者に会い、都での滞在許可と布教活動の保証を早急に取り付けなければならない。正親町天皇による追放令は無効になったわけではないのである。義輝殺害の張本人の一人、松永久秀は信長に降っていたが、その久秀は信長に対して再びバテレンの追放を主張していた。クーデターの際に朝廷の追放令布告に加担した経緯もあって、そう言ったのかもしれないが、フロイスによれば、信長は「お前は了見が狭い」と久秀をたしなめたという。そう言った信長の顔つきは歪んで見え、平伏した家臣は視線を上げることができなかった。不機嫌になった信長に、それ以上指図めいた意見を言うことはとてもできなかっただろう。

　フロイスは、都到着の二日後、和田惟政やロレンソとともに信長を訪れた。しかし彼は別室で音楽を聴いていて出て来ず、この時は直接面会することができなかった。後で信長は、会わなかった理由として、一つは遠路はるばるやって来た外国人への対応の仕方がわからなかったこと、もう一つには、宣教師と単独で会えば洗礼を受けたと世間が誤解するかもしれないから、と言い訳のように述べたというが、これにはフロイスの憶測の上に多少脚色が入っているかもしれない。ただこの後、信長は将軍義昭とも会うよう勧める配慮をしたらしい。それで、いくつかの妨害行為やキリスト教の祭事があって少し遅れたが、次に彼らは義昭の許を訪れた。しかしこちらの方も体調不良を理由に本人は面会せず、その乳母が彼らとの応対に当たった。彼女から、必要なことは何でもしましょう、という言葉はもらったが、フロイスたちの都復帰後の計画は、当初なかなか思いどおりには進まなかったのである。（下の章・一三九頁）

信長の第一印象

フロイスが初めて信長の顔を見、直接会話を交わしたのは、将軍の住居の建設を進めていた二条の工事現場であった。それまで義昭が使っていた屋敷は、六条の本圀寺《ほんこくじ》という寺を接収したものだったが、信長が京都に不在だったこの年一月、三好三人衆がここを襲うという事件があった。「本圀寺の変」といわれるこの騒乱は、急遽上洛した信長が制圧したが、この一件に懲りた彼が、将軍を守る堅固な御所として建設を計画したものである。現在一般に知られる江戸時代の二条城とはまったく別のもので、一九七四年からおこなわれた地下鉄烏丸線工事に伴う調査で、石垣と堀が発見されている。堀には鑑賞用の鳥を入れ、内部には美しい庭をつくったというが、フロイスは同時にこの

移築された旧二条城石垣……京都御苑の一角に、地下鉄烏丸線工事に伴う調査で発見された石垣の一部が復元されている。

新邸を「城《フォルタレーザ》」と表現した。それまでにない石造りの施設で、石垣の高さはところによって身の丈の六、七倍、堀も外と内にあったとしている。

初めて会った信長の印象はやはり強烈だったらしい。フロイスはこの二カ月後、豊後の司祭メルショール・デ・フィゲレード宛に発信した手紙（下の章・第一の手紙）の中で、彼の独特の性格、戦に臨む態度、宗教に対する考え方などをまとめた。この手紙の本来の趣旨は、都への復帰の経緯とその後の自分たちの行動についての報告なのであるが、その話の途中に、「私達の話を続ける前にそれを中断することにします。……別名信長と称する上総殿について若干お話したいと思います」（一五六九年六月一日付フロイス書簡写本　文献40）と断って、信長の話を挿入している。多少話の順序を乱してでも、この特異な新権力者のことを書いておきたいと思ったのだろう。

工事現場に自ら粗末な服装で立ち、家臣たちもそれに倣ったこと、特別な礼も必要とせず自由に見物させたこと、女性に無礼を働いた者の首を自ら刎ねたことなど、驚きをもって記している。彼の背が高いこと、痩せていること、ひげが薄いことまで詳しく書いているのは、フロイスが記録魔であるがゆえであるが、とくに彼が注目したのは、やはり宗教のことであった。信長は日本の神《カミス》や仏《ホトケス》を心の底からは信じていないように見える。その意味では、日本の宗教ではなく、キリスト教をより深く理解する可能性をもっている。しかしその一方で、霊魂の不滅などということはなく人間の死後には何物もないのだ、とキリシタンにはおよそ認められないことを公言している。フロイスの第一印象は、おそらく信長は何とも捉えがたい存在、少なくともそれまで出会ったどの日本人とも違うものだっただろう。

フロイスは、宗教家としてそのような信長への関心を保ちつつ、同時にイエズス会という組織の尖兵として、天下の権力者との関係を築いていく。そのための手段の一つが、陳情・会談の際に贈答の品を持参することであった。

六　プレゼント攻勢

珍奇な品々

　フロイスの最初の信長訪問のとき、彼が持参したのは、ビロードの帽子、ヨーロッパ製の鏡、藤《とう》のステッキ、孔雀の尾羽だった。このときは直接の面会が叶わなかったわけだが、信長は人を介して、このうちのビロードの帽子のみを受け取り、他は返してきた。帽子は三年前にフィゲレード司祭から送られていたもので、おそらくはこのような有力者に贈ることを考えて用意されていたのだろう。二条の新邸工事現場での会見の際も、ガラス瓶に入れた金平糖《コンフェイト》とロウソク数本を持って行った。この「金平糖」は、どうも現在のものとはかなり形が異なるものだったらしいが、当時も日本では珍しいものだっただろう。帽子もそうだが、高価なものというよりは、信長の興味をそそるように珍奇なものを選んでいったのだろう。

　ところで、当時の日本とヨーロッパの文化・習慣の違いについて、フロイスが書いたと思われる『日欧風習の対照』という著作がある。その中に次のような一文がある。

「われら（ヨーロッパ人）においては、人の訪問は、通常、何も携えずにおこなう習わしである。日本では、他人を訪ねて行く者は、おおむねいつも何か持って行かなければならない。」（文献31）

ヨーロッパにはない日本の風習に宣教師たちが従っているのは、それが権力者を通じてキリスト教を広めるのに有効な方法と考えたからである。彼らにとって贈答は、儀礼というよりは、それ相当の見返りを期待した布教戦術であった。これはフロイスが自分で考えたことではなく、最初のザビエル以来、日本イエズス会の基本姿勢だったようだ。

涙ぐましいやりくり

この方針の下、彼はその後も信長へ贈り物の持参を続けた。金平糖の次は銀の延べ棒、続いて砂時計とダチョウの卵、目覚まし時計、信長が都を離れる前日には中国の大きな紅紙とまたロウソクといった具合である。ダチョウの卵など、会話のきっかけくらいにはなっても、実際何かの役に立ちそうなものではない。目覚まし時計には信長は驚き関心を示したが、日本の技術では調整ができないとして、受け取りを断っている。ちなみにこの目覚まし時計は、信長から返された後、惟政の指導もあって、フロイスが将軍義昭の許へ持って行ったと思われる。義昭は「大切にしまっておこう」と言って受け取ったらしい。おそらく義昭は知らなかっただろうが、将軍でありながら信長の次、二番手に回されたということになる。つまりこのときフロイスは、照準を将軍より信長に定めつつあったのであり、またそれは戦術として間違ってはいなかったのである。

ただ贈答に用いる品物が、このとき枯渇に近い状態だった。日本にはない珍しい物を用意するには、中国のマカオから九州にやって来るポルトガルの定航船《ナウ》の荷が頼りなのだが、それが都までなかなか回ってこない。信長に贈った中国製の紅紙も、やっと訪問の四日前にフロイスの手元に届いたものであるし、当初将軍への贈り物として考えた六束のロウソクを、先々のことを考えて一束だけにするなど、涙ぐましいまでのやりくりの努力が必要だった。

七　日乗との闘争

「悪魔の道具」

舶来の贈り物の効き目があったのかどうかわからないが、フロイスは、信長と将軍義昭の双方から都滞在の許可を引き出すことに成功した。著書『日本史』によれば、信長の許可状は永禄十二年四月八日（文献26・一五六九年四月二十四日）付の朱印状で、伴天連（フロイス）の都および信長の領国における居住の自由、また課役などの義務の免除を内容としたものであった。一方義昭の方は、信長朱印状の事項に、兵員を強引に教会に宿泊させることの禁止の事項を加え、木の制札としてその一週間後に交付された。彼らの都での活動に初めて公的な保証が与えられたのである。ここまで順調といってよかった。

ところが事はそれで終わらなかった。法華宗の僧、朝山日乗という人物が、許可の撤回とフロイスの再追放を目指して動き出したのである。フロイスはこの男のことを「悪魔の道具」と、激しい言葉で批判した。本書に掲載した同年六月一日の手紙では、かなりのスペースを使って、日乗の流浪と投獄、詐欺まがいの商売、また信長の面前でおこなわれた宗教論争などについて述べている。とくに〈日乗〉対〈フロイス＋ロレンソ〉の宗教論争では、神や霊魂の不滅の問題について質疑がおこなわれ、返答に窮した日乗が部屋の隅にあった長刀で切りかかったという話まで紹介している。議論はすべてフロイス側の完全勝利ということになっているが、もちろんこれはキリスト教の立場からの一方的な見解だろう。彼にとって最も重要な宗教上の問題であり、議論に負けるなどということは、あってはならないのである。ただ、日乗が反キリシタン派の代表として宣教師と厳しく対立し、また朝廷を動かすような一定の力をもった人物であったことは確かである。だからこそフロイスの著述において、日乗に対する攻撃はいっそう激しいものとなった。

岐阜行きを決断

五月十五日、フロイスは教会に駆けつけて来たキリシタンから驚くべき知らせを受け取った。五畿内の外への追放あるいは殺害、キリシタンの財産の没収を内容とする天皇の綸旨《りんじ》が下付されたというのである。

「四月二十五日（洋暦五月十一日）はてれん、けふりんしいたされて、むろまちとのへ申され候」（『御湯殿上の日記』）

日乗の積極的な工作が実を結んだのだろう。信長はすでに岐阜に向けて出発していたし、将軍の方は味方になってくれるとは思うが、あまり当てにならない。綸旨は義昭宛に出されたのである。それどころか、その後信長が日乗にさまざまな特権を与えたうえで、この件に関しては朝廷に委ねるという回答をしたという情報が入ってくる。どうも信長は、宣教師向けと朝廷向けと、違う答え方をしたらしい。和田惟政は全面的に支援し、保護すると言ってくれているが、フロイスたちは内部協議のうえ、今一度信長に会って、都在住の許可など朱印状の内容を確実にすべきであるという結論に達した。ここにフロイスの岐阜行きが決定した。

ただそれまで、近江より東へ行った宣教師はいなかった。九州を起点に西日本を活動の場としてきた彼らにとって、東は未知の国々、まさに「無縁の地」（下の章・一七八頁）であった。フロイスでさえ、出発の時点まで信長の居場所、つまり自分が向かう行き先を尾張と誤っていたくらいである。さすがに岐阜から帰ってきてから後は、すべて美濃と訂正しているが、都から東についての彼らの知識水準はその程度であった。だからどうしても日本人の同伴者は必要で、ロレンソ修道士の他、コスメ・デ・ニニア、ナカイ・ルイスという二人のキリシタンが同行した。

一五六九年六月一日、夜半を過ぎて正確にはすでに翌二日になっていたと思われるが、フロイスは紙五枚程度にびっしりと書き込んだ手紙（下の章・第一の手紙）を完成させた後、都の教会を出た。本書に載せた二通の手紙には、この間彼とロレンソの動き方について、異なるさまざまな計画が書

近江坂本……湖上交通の重要な拠点だった港町。フロイスはここでロレンソ修道士が合流してくるのを待った。

かれており、彼らの混乱ぶりがうかがえる。結局、摂津越水の城にいる惟政の許へロレンソを派遣し、仲介を頼める信長の家臣へ手紙を書いてもらうよう依頼し、フロイスの方は比叡山の東、近江坂本の港へ移動してロレンソを待つことが決定された。四、五日後に彼が惟政の手紙をもって合流してきたので、ようやく一行四人は、信長の岐阜を目指して旅立ったのである。坂本出航は午前三時、最も陽が長い季節とはいえ、辺りはまだ闇の中であった。

八　江濃国境を越える

美濃の平野

　一行は夕刻、湖東の朝妻で船を下りた。手紙には翌日到着とあるが、夜明け前に坂本を出たことと、両湊間の距離、過去の所要時間の例などから見て、その日のうちには朝妻に着いたと思われる。「翌日準備万端で陸路を歩く」ためにここで一泊したとあり、まだ明るいうちでも明日の行路を考えたのだろう。ただここから岐阜までは、直線距離でも坂本・朝妻間とほぼ同じ五十キロ近くあり、しかも徒歩で行かなくてはならない。目が不自由なロレンソも一緒なので、この先岐阜までのどこかでさらに一泊が必要だったかもしれない。同じコースを辿ったと思われる山科言継は、途中の垂井で宿を取っている。

　フロイスが美濃に入ったことを実感したのは、眼前に平野が広がったときだった。『日本史』では、「〔朝妻から〕陸路を辿った後、近江の国を一、二日間旅行」して、美濃の領内に入ったと記している。彼の意識では江濃国境は、古代以来関が置かれた伊吹山南の狭間ではなく、山間を抜け、大部分が平地という景色が広がるところにあったのだろう。そこは彼が初めて見る国で、緑豊かで、舟で渡る

長良川を渡る……フロイスは、大部分が平地で緑が多い、と書いた。

ような大河が流れていた。

これは、地理に疎いフロイスの間違いというよりは、彼の心の動きをそのまま表したもののように思える。この後彼は、首を切られ路傍に投げ捨てられた石仏を発見し、信長がそうするように命じたのだと聞く。いよいよその絶対的な権力が隅々にまで徹底される国に入ったのである。都には天皇という権威も室町将軍という形式上の権力もある。それは形の上で信長の上に位置しているが、この国にはそれも及んでこない。彼は近江の国を「イエススの果て」と考えたようだが、この美濃の国はそれをも越えたところにある。ここで彼は、神聖なものを軽んじ、すべてを支配する信長と対面することになるのである。

ただフロイスは、信長を単に荒ぶる支配者と見ていたわけではない。彼らにとって、神ならぬ人間がつくったものを崇める偶像崇拝は、『旧約聖書』の十戒のうちでも、第一の罪とされるほどの根本的な誤りである。その点信長は、二条の城の建設でも、石仏を単なる建築資材として扱って平然としている。さらにここでは何かの材料として使うことすらなく、破壊し放置している。もしかすると、それは信長が彼らの「デウス」に近づく可能性をもっているということかもしれない。フロイスが見たこの一件は、手紙に書き留められ、『日本史』でも紹介されるが、信長が無神論者であることを強調するというよりは、むしろ信長に対する好意的な文脈の中で考えるべきかもしれない。

【コラム】丸子船と湖上交通

重要な交通路・琵琶湖

フロイス一行は、近江の国の「淡水の湖」を渡った。もちろん琵琶湖のことである。「漁をしたり、一方から他方へと商品を運んだりしている」（下の章・一八〇頁）とあって、恵みをもたらす豊かな湖であると同時に、重要な交通路であったことがわかる。その百年近く前、一四七三年（文明五）、前関白一条兼良は、大津を出ていくつかの湊に寄りながら、フロイスと同じ朝妻（現・米原市）で下船、東山道で美濃へ入った。（『藤河の記』）

フロイスと同じ一五六九年に信長を訪ねた公家・山科言継も、坂本で船に乗り、朝妻で降りた。これを遡る一五三三年（天文二）、若き言継は尾張からの帰路に同じコースを逆に辿り、朝妻を午前二時ころ出航、約十五時間をかけて夕刻に着いている。坂本は比叡山と直接結ばれる位置にあり、朝妻の方は、天正以降長浜や米原にその地位を譲るものの、古代から東山道につながる重要な湊であった。人馬より一度に大量の物資を運ぶことができるし、波静かな湖は、海より安定した航行が可能だった。フロイスと言継の二人が夜間、あるいは早朝暗いうちから湖を渡ったことは、この交通手段が安全なものであったことを示している。湖南や湖東地方だけでなく、北陸へ通じる湖北には塩津や海津、若狭へ山越えでつながる湖西には今津や大溝といった湊があった。

フロイスが乗った船

江戸時代の琵琶湖舟運の主役は、丸子船と呼ばれる帆船だった。丸太を二つ割にして左右の舷側に取り付けるという特異な姿をしていて、浮力の少ない淡水に向き、水深が浅いところでも使うことができた。断面積が大きく、人荷両用に対応できる大型船だった。私は、フロイスや言継が乗ったのは、この丸子船のようなものではなかったかと推測している。もちろん、江戸時代に一般的な運送手段だったからといって、その前の戦国時代にも使われていたと考えるのは、歴史を論理的に扱うという意味では、少し危険である。せいぜい状況証拠だろう。しかしフロイスは、その日向かい風だったので朝妻まで時間がかかったと書いているから、帆船だったことは確かである。また言継は、朝妻で人や荷物を運ぶために馬三頭を借り上げているが、これが一隻分だったとしたら小型の船ではなかっただろう。坂本や湖東の湊はこの船が就航する交通の拠点であった。

丸子船……湖に浮かぶ最後の勇姿（北淡海・丸子船の館提供）

丸子船は、現在では琵琶湖からまったく姿を消し、湖面から引き上げられて、博物館の室内で展示されているに過ぎない。ただ、一九九八年に滋賀県西浅井町で、湖上に帆を揚げた勇姿が披露されたことがある。その栄光の歴史を想像させる姿であった。（高木洋）

九　信長の「宮殿」

屋外での面会

一五六九年六月上旬、フロイス一行は岐阜に入った。その日は佐久間信盛《のぶもり》・柴田勝家《かついえ》の両重臣が不在で、すぐに信長に取り次いでもらうことができなかったが、二日後には待望の会見に漕ぎつけることができた。通常公的な性格の会談や陳情であれば、役所のような行政機能をもった建物でおこなわれるように思われるが、このとき二人が会ったのは屋外だった。信盛・勝家が、岐阜にフロイスが来ていることを事前に知らせてはいたが、とくに儀式めいた面会の場が設定されたわけではなく、信長が宮殿へ向かう途中で出会ったと書かれている。偶然であるかのような書き方はかえって不自然に思えるが、外来の客と屋外で会い、その後付近を案内するというのは、信長の普通のスタイルだったらしい。都での信長・フロイスの初会見も二条の城の建設工事現場でおこなわれ、その後で信長は、和田惟政にその現場を案内するよう命じている。またフロイスの後に岐阜を訪れた山科言継とも「雑舎之前」の路上で会い、その居館を見せた。

屋外での立ち話のようなものだったこともあり、このときフロイスは抱えてきた本題に入らなかった。話題は信長がつくった居館のことに終始し、「宮殿」という表現でもわかるように、フロイスの関心もその方に集中していく。普通彼は、相当の有力者の館でも屋敷《カーザス》と表現し、宮殿《パラシウス》という言葉を用いるのは、信長以外では将軍の御所などごく限られた場合である。

「宮殿」の核心部

信長自らの案内で、フロイスはその館を見て回った。もちろん通訳として欠かせないロレンソも一緒である。まず門があり、そこを入ったところに石垣がある。この石垣は広く（つまり大きく）宮殿の外側にあるというから、おそらくこの奥に建物があったのだろう。館に入る前、ここでフロイスが注目したのが、石と石とをつなぐのに「石灰を用いない」という石垣の構築法である。表から見ると隙間ばかりの石垣を見慣れている私たちには何でもないことだが、それを塗り込めにしないことが彼には奇妙に思えたのだろう。

彼の記述を辿ると、石垣の次に「広場」があり、その入り口に「劇場風」の施設がある。さらに「長い石段」を上ると、そこには「大きな部屋」があってその前の廊下から「町の一部」が見える。上るにつれて視野が広がっていく様子がうまく表現されている。信長はここで一旦立ち止まり、内部を見せたものかどうか躊躇したという。ためらいの訳は、自分の屋敷が外国人の目に貧弱に見えないか心配したというものだった。これはフロイス自身が語る信長のイメージに少し合わないし、ここまで連れて来てからの態度の変化はやや不自然で、多少フロイスの脚色あるいは文学的な装飾があるかもしれない。ただ前後を詳しく読むと、ここから先が居館の核心部、すなわち主殿だったろうという推測はできる。

この建物は四階建てとされる。一階部分は十五ないし二十の部屋に分かれていて、建具の金具は金、置かれている屏風も金彩だった。部屋の配置は複雑だったらしく、フロイスは歩くにつれて自分の位置がわからなくなったのか、これを「クレタの迷宮」にたとえた。二階には「王妃《ハイーニャ》」つまり国主夫人の部屋があったというので、私たちが普通濃姫と呼んでいる信長の妻はここにいたのかもしれない。一階と比べて説明が具体的ではないが、「階下よりずっと優れている」というので、さらに装飾性の高い階であったのだろう。

三、四階になると視点が上がってきて、「町の全体が見える」ようになる。ただこの二つの階は一つにまとめて、ごく簡単に触れているだけである。目は建物の外に向けられるばかりで、その内部についてはまったく説明されていない。この建物には、工事用の荷をもった下僕たちに限って入ることが許されていたというが、もしかすると三、四階は内装が十分完成しておらず、そのための大工や職人が出入りしていたのかもしれない。信長のためらいも案外こんなところに理由があったのではないか、というのは大胆に過ぎる想像だろうか。

「宮殿」の三階

ただ三階には、他の階と異なる重要な記述がある。『日本史』には次のように書かれている。

「三階は山と同じ高さで一種の茶室がついた廊下がある。それは特に精選されたはなはだ静かな場所で何ら人々の騒音や雑踏を見ず非常に優雅である」（文献29）

不思議な文章である。「山と同じ高さ」とはどれ位の高さか。「茶室がついた廊下」とは廊下に隣接して茶室があったということか。四階建てのうち三階だけが「はなはだ静かな場所」であり得るのはなぜか。もちろん誤訳ではない。フロイスの手紙でもほぼ同じ表現になっていて、問題はない。この山（金華山）は標高が三二九メートルあって、「山と同じ高さ」というのは彼の誇張表現だと考える人もいるかもしれないが、それまでずっと具体的に書かれてきた描写が、突然ここだけ現実離れしてしまうのも変である。私はアルカラ版の翻訳にあたって、「同じ高さ《イグアル》」を「水平」、「廊下《コレドール》」を「通路」と、別の訳語に置きかえてみた。すると三階から山側に向かって水平に通路があって、その先に茶室（「茶の座敷《ジャセキス・デル・チャ》」）があると読み取ることができそうである。建物の裏側の山際なら、人びとの騒音も届かず、静かな場所であったに違いない。

四階建てとなれば、塔のようにそびえる天守閣様の建築物を連想するが、このような読み込みをしてみると、「宮殿」はいくつかの建物が連なっている複合的な施設だったとも考えられる。ここへ入る手前には「劇場風」の施設や「大きな部屋」があったし、山際には茶室がある。「宮殿」は「パラシオス」（アルカラ版）と複数形で書かれているし、『言継卿記』にある「雑舎」という表現も「さまざまな建物」と読むことができるだろう。村田修三氏は、階を重ねながら山の斜面に沿って連なる姿を「増築を重ねた温泉旅館のよう」と見事な説明をしている。（文献44）

ヨーロッパと対照的な日本庭園

フロイスは、いくつかある庭にも興味を示した。庭は一階の周囲に五、六カ所あり、『日本史』を読むと、三階のところで出てくる茶室にも付属していたらしい。彼はこの庭の一つを取り上げて、山の水を引き込んで深さ二十センチほどの池をつくったこと、その中央に石を配置し、底に白い石や砂を敷いて、魚を泳がせていることなどを紹介している。もっとも、彼が日本の庭園を見たのは、これが初めてではないかもしれない。将軍のためにつくった二条の城で、「藤戸石」や「九山八海」といった名石を運び、泉水や築山を配した庭をつくったことが『信長公記』に記されている。彼もこの城の工事現場を歩いたときに目にしている可能性がある。

後年、彼はこのような日本の庭園がヨーロッパのものと大きく異なることを別の著作で述べている。

「ヨーロッパでは（庭園に）方形できれいな石壁造りの池をつくる。日本では、小さな池または溜池を作るが、それには奥まった所や小さな入江があり、中央に岩と小島がある。そして（その池は）地面を掘って作る」（文献31）

直線や円弧など幾何学文様で対称形を基本とするヨーロッパと、自然を擬して不定形な形と曲線を描く日本と、作庭思想の根本的な違いを指摘している。それに気づかせたのは、やはりフロイスの好奇心であり、記録者としての嗅覚のようなものだったろう。

十　最初の発掘調査から

「宮殿」の位置

この信長の「宮殿」がどこにあったか、近代に至って知られるようになったフロイスの記述とは別に、江戸時代にまとめられた地誌類にもその伝承が載っている。松平君山という尾張藩書物奉行は、「山下西ひら槻《けやき》谷《だに》下千畳敷と申習はす。信長公を始城主爰《ここ》に常居」（『岐阜志略』）と書いた。「山」とは、今岐阜市のシンボルともなっている金華山のことで、その西麓にその伝承の地「千畳敷」

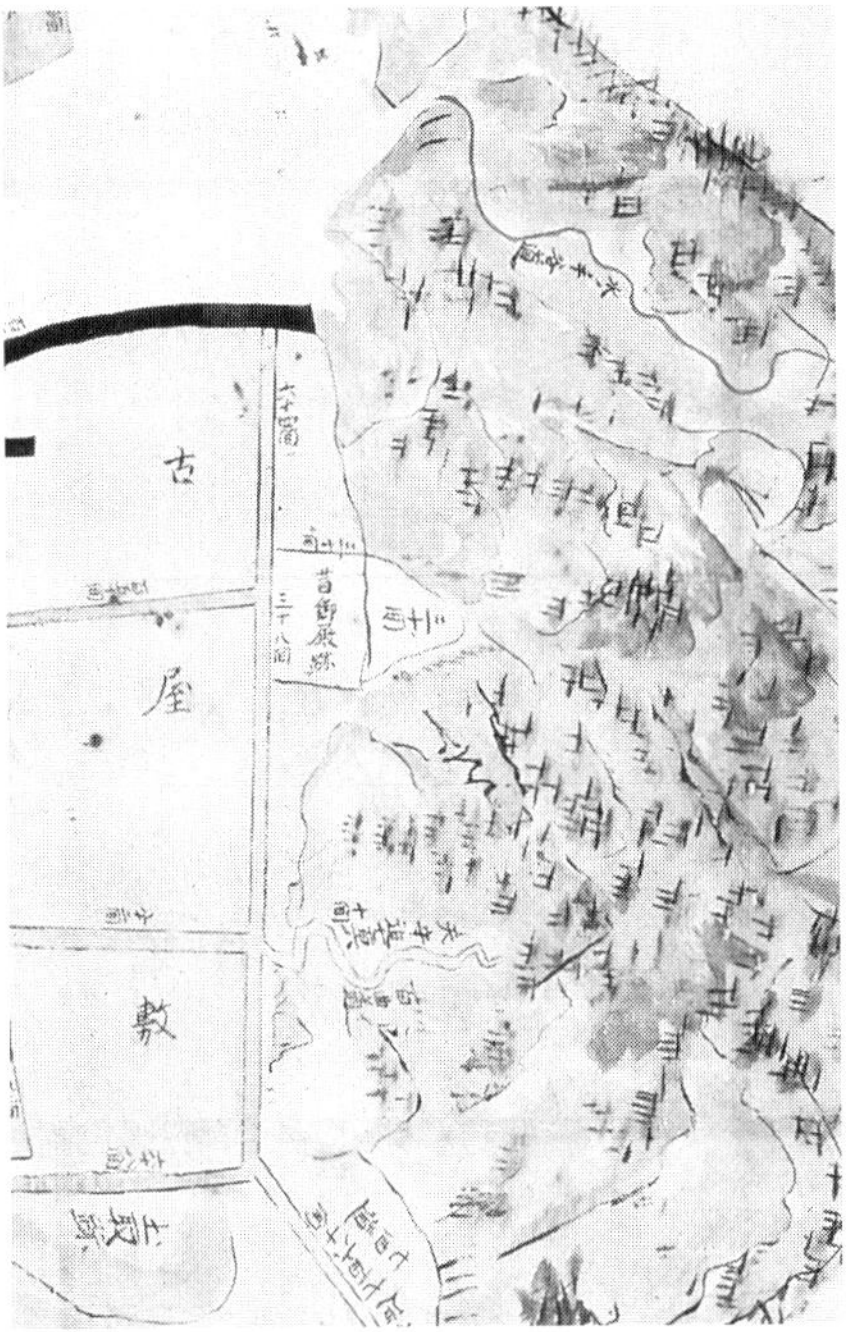

「濃州厚見郡岐阜図」（部分、名古屋市蓬左文庫蔵）……承応3年（1654）作成の最古の岐阜町の絵図。山下に「昔御殿跡」の文字が見える。

がある。現在は岐阜公園の木立の中に、人工的に造成されたテラス状の地形が広がっている。また江戸時代の絵図の中には、山の麓に「昔御殿跡」という名称や長方形の区画を表現したものがある。こうしてフロイスの記述、江戸時代の伝承や絵図、現在の地形などを総合すると、信長は金華山の西麓に住んでいたと考えることができる。

一九八四年、この信長の遺構が実際のところどれほど残っていて、文化遺産としてどの程度活用できるのかを確かめるため、遺跡の試掘調査がおこなわれた。その成果は、翌年以降の本格的な発掘調査につながっていった。

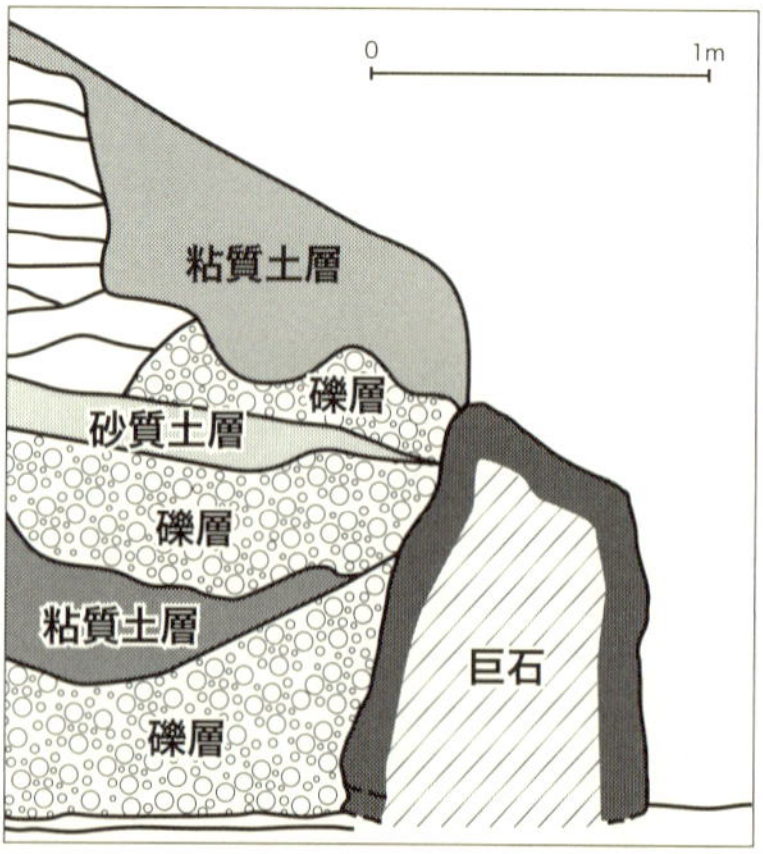

巨石列の土層断面図（文献８の図の一部を修正・簡略化）

巨石列の発見

最も注目され議論になったのは、折れ曲がりながら上っていく通路の両側に、人の背ほどの高さの石を並べた遺構である。石垣といってもよいが、普通のものと少し違って、板のような大石を立てて使っているので、私たちは「巨石列」といって区別している。問題になったのは、この巨石の上にさらに石が積まれていたかどうかという点だった。この巨石列で囲まれた通路は、何度も直角の屈折をくり返していて、ここに侵入した敵が直進できないような形をしている。防御機能を重視したように見える複雑な構造は、城のような性格を思わせる。だとすれば通路の両側は登れないような

復元整備後の巨石列……発掘調査結果に基づいて、土塁周りの巨石列は一段で復元された。（岐阜市提供）

高い石の壁であるべきで、かつては二段以上に積まれていたに違いないというのが、主に城郭を相手にする研究者の見方の主流だった。ところがさらに進められた発掘調査は、現在復元整備されているような一段の石列という結論を導き出した。その理由はいろいろとあるが、最も重要なのは、巨石より上の部分は、石垣の崩壊を防ぐために不可欠な「裏込め礫層」という排水装置を欠いていて、法面《のりめん》を整えるための薄い粘土質の土層になっているという事実だった。石裏の排水機能が不完全な石垣は、簡単に崩れてしまうという。また石を立てて据える方法では、二段目以上を支える安定性に欠けるので、石の位置をずらして階段状にする必要があっただろう。

なぜこんな細かなことにこだわるかといえば、ここが外敵への対応を意識した城なのか、そうでないのかとい

う考え方の分かれ目に関係するからである。結論からいえば、この巨石列遺構は、多分に外来の客に見せることを意識してつくられた面があると考えられる。安定性を犠牲にして、石の最大面を表に見せることによる効果を優先させたのである。この通路を上った先にはこの遺跡最大の巨石二枚があり、高さ二・三メートルの垂直面を見せている。いずれも正面観を重視した配置のように思える。ただこのような巨石列の形をとらない部分では、大きな石でも寝かせて使い、上に高く積めるような石垣の積み方をしている。場所ごとの目的によって、構築法を変えたのだろう。

明らかになってきた全体像

発掘調査の成果はそれだけではない。信長の前から続いてきた土地利用の変遷をも明らかにしたことである。一五六七年（永禄十）の信長入城以前、道三、義龍、龍興の斎藤氏三代もここに館を構えたと思われる。斎藤氏時代の遺構は信長時代の遺構より古いから、当然その下にある。したがって信長の上層を壊さない限り、斎藤氏の下層は調査ができないことになるが、たまたま近代の建物などで上層がすでに破壊されていた箇所で、下層の遺構が顔をのぞかせることがある。下層の石積みは、上層より遥かに小さな石を使っていて対照的であることも興味深いが、より重要なのは、信長が大きな土木工事を敢行して斎藤時代の館の跡地を改造したことである。基本的には、山側を削った土を前へ押し出す方法で、旧来の土地を拡張している。つまり以前からあるものを利用しつつ、新しい土地の造成をおこなったということで、何もないところから出発したわけではないのである。

この遺跡の発掘調査は、その後第二、第三次を経て、現在は第四次調査が進められている。発見された遺構には巨石列や石垣の他に、階段、門などの礎石、水路、石敷き、庭園などがあって、次第に全体の施設配置の状況が明らかになってきている。このうち、階段、門、庭園は、フロイスが書いたものに言葉として登場する。庭園などは、「ニワス」（複数形）と和製ポルトガル語で紹介されている（文献41）。一般的に、調査で出てきた遺構と史料に書かれたものが完全に一致することは現実には少ないが、この遺跡では、いくつかの幸運が重なって、それが可能になるかもしれない。

【コラム】発掘調査から信長居館を考える

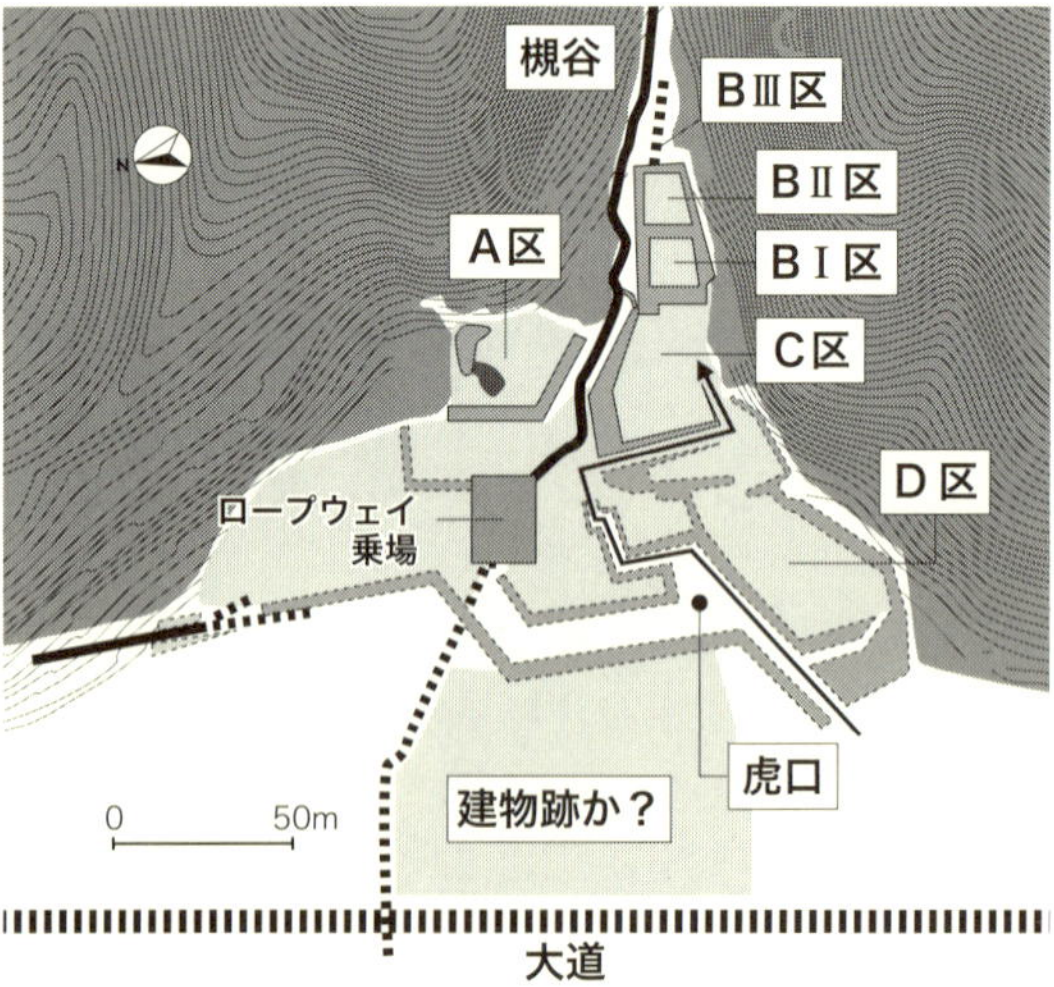

信長居館の地形復元図……槻谷の谷川をはさんで複数の平坦地が展開していた。

庭園の発見

平成十九年からの第四次調査で、まず始めに手をつけたのは現在のロープウェー山麓駅と三重塔の間に位置するA区である。六〇センチほど掘り下げると戦国時代の地面に達したが、そこで粘土を張った部分に川原石が埋められている遺構が確認された。その数六十個以上でいずれも長良川流域から運ばれたものとみられる。明らかに人為的につくられたこの石敷きは検討の結果、池の縁にある州浜（曲線的な輪郭の池岸）の可能性が高いことが指摘された。さらに周囲の調査をおこなったところ、落ち込み部分や倒れた巨石、庭石に相当する石材などが見つかり、平坦地の北側を中心に庭園が広がっていたと考えられるようになってきた。この場所に立って回りを見渡すと、切り立った山の岩盤が目に入る。石敷きが池の州浜なら、岩盤はその背景を成していたものであろう。自然地形を取り入れた壮大な庭園の姿が想像できる。信長が直接築城した居城で庭園に関する遺構が見つかったのは初めてということで、この時の新聞には「信長の庭園跡か」という文字が踊った。しかし、この後も庭園が次々と姿を現すことになる。

平成二十年度にはC区の南側で円礫を弧状に敷いた場所が見つかった。A区と同様に岩盤を背景にしてつくられているようである。断定はできないが、これも州浜とみてよいだろう。水を湛えるような構造には見えないので枯山水庭園であったかもしれない。また、このころまでには二次調査で確認された石敷きも州浜だったのではないかと再認識されるに至っている。

州浜状の石敷き（A区）……中央の巨石は当時にも露出していたとみられる。（岐阜市提供）

園地遺構（BⅢ区）……奥の立石が水留め状遺構。（岐阜市提供）

そして平成二十一年度には最奥部斜面のBⅢ区で池と円形の石組み（水溜め状遺構）が一体となった園池遺構を確認した。池は石組みで護岸され、池底には白い砂と川原石が敷かれている。おそらく南側の岩盤を伝った水が水溜め状遺構に集められ、そこから溢れ出た水が池へと流れて、さらに谷川へと排水される仕掛けであったのであろう。池底の砂を採取して偏光顕微鏡で調べると、六割がチャート、泥岩が三割、残りの一割は砂岩や流紋岩等という結果で、長良川の砂とよく似た組み合わせであることが判明した。残念ながら遠くから持ってきたものではなかったが、長良川の砂は黒色系のものが多いことを考えると、白い砂を選別して池底に敷いたようである。「眼にも眩い白砂」というフロイスの記述が思い起こされる発見であった。

応仁の乱以後、京都に住んでいた各地の守護・国人はそれぞれの所領地へ帰り、自らの館や庭を充実させる。この時期において、庭園は宴など饗応の場の装置として重要であり、同時にそこは政《まつりごと》の場ともなった。見つかった庭園群も信長のもてなしの場であったといえるが、自然地形と一体となったその景観は他の城館をはるかに凌ぐスケールである。中でもBⅢ区の園池遺構の構造や立地は、将軍足利義政の別荘「東山殿」（銀閣で知られる現在の慈照寺）や西芳寺との類似性が指摘されており、室町将軍邸の庭の系譜につながる可能性がある。元来革新的なイメージが強い信長だが、岐阜時代において室町将軍家の伝統や権威を継承しようとした一面があったことが遺構からうかがえるのではないだろうか。信長は岐阜の居館建設と同時期に、西芳寺の庭園再興や二条城の築造をおこなっており、ここで得た技術を自らの居館に持ち込んだのかもしれない。

建物配置を考える

発掘調査では、庭園以外にも石垣や建物の礎石など多くの遺構が確認された。その成果から信長居館の構造について少し考えてみたい。

建物の痕跡が確認できたのは、谷奥の二段の平坦地（BⅠ区、BⅡ区）である。一段目のBⅠ区では建物の礎石や炭の層、火災で焼けた大量の壁土が見つかった。間違いなくこの場所にあった建物が焼け落ちた跡である。しかも壁土は蔵の壁を思わせるように分厚く、中には厚さ一〇センチを越えるものもある。周囲の石垣も真っ赤に変色していることからすると、石垣近くまで敷地いっぱいに建物が建っていたのかもしれない。おそらく建物はC区の巨石列と一体で「見せて」いたと考えられる。共に一六〇〇年（慶長五）の関ヶ原の戦いの前哨戦における火災で焼けたのだろう。二段目のBⅡ区では石垣や石組水路が見つかっており、これらでコの字状に区画された内部に建物があったとみられる。ここは平坦地としては一番奥にあたる場所であり、谷の両側には岩盤が迫るなどその景観はまるで中国の山水画の世界である。城下町地区と比べると約二五メートルの比高差があり、この場所に立って眺めると町の全体が見えたといわれてもうなずける。

信長居館の地形復元模型

この千畳敷奥の二段の平坦地にあった建物は、フロイスが見た居館の一部だった可能性が高いといえるだろう。だが、この場所は谷状地形で面積も狭く、とてもそのすべてが収まる場所とは思えない。フロイスは一階部分に「十五〜二十の座敷」と「五〜六の美しい庭」があったと書いているのである。逆に居館本体の礎石確認が期待されたC区では、巨石列や州浜状の石敷きは見つかったが大規模な建物跡は確認できなかった。

このような調査所見を考えると、単純な四階建てではなかったとみた方がよいだろう。あえてフロイスの記述と現地を対比させて考えるならば、現時点ではフロイスのいう居館一階部分はA・C・D区など複数の平坦地にあった建物群で、二階以上の部分がB地区にあったとみるのが妥当と思われる。さらに大胆な推測を加えるならば、一段目であるBⅠ区に二～四階に相当する建物があり、その三階相当部分から二段目に廊下が架かっていたことも考えられる。その場合、二段目であるBⅡ区には「茶の座敷」があったことになるが、これは考えすぎだろうか？

各平坦地の性格を特定するにはまだ材料が少ないが、少なくとも「軍事」だけでは語れない、景観が重要な場所であることが明らかになりつつある。信長居館とはプライベートな邸宅でもあり、眺めを楽しみながら特別な客人をもてなすような迎賓館でもあったのではないだろうか。（髙橋方紀）

十一　政治の舞台

公権力行使の場

フロイスの手紙や『日本史』の中に、コルテという言葉が出てくる。彼の母国語であるポルトガル語でも翻訳文のスペイン語でも、同じ綴りでコルテという。通常の意味は、「宮廷」か「裁判所」だが、多くの訳者は「政庁」としている。「裁判所」でもこの施設の性格の一端は示しているかもしれないが、主たるものは役所、つまり行政機能であろう。信長の公権力行使の場という意味で、この訳語が相応しい。

「異教徒の国主［信長］から受ける好意と名誉――それは彼の政庁で受けるものです」（下の章一九四頁）

好意と名誉とは、権力者からの許可状の交付による保証と宗教活動に対する権威付けといった意味だろう。フロイスは、それが信長政権としての公権力の行使であり、公の場で実行されるべきことであることを、はっきりと理解していた。だから信長に対する陳情が路上でおこなわれることを述べる一方で、館の中を案内される間は、そのことに触れようとしなかったのだろう。なぜならフロイスが宮殿と呼んだ信長の館は、家臣といえども原則的に立ち入ることができない私的な空間であるからである。フロイスの岐阜訪問の目的は、信長の回答を具体的な文書という形で手にすることにあるが、それは政庁においてのみ実現するのである。

館を見学した後フロイスは、佐久間信盛と柴田勝家から、都に住めるよう支援する旨信長が発言したと聞かされた。情況は望ましい方向に向かっている。ただフロイスはそれで満足せず、和田惟政に対して、信長へ手紙を書いてもらうよう要請すべく、岐阜へ同行してきたナカイ・ルイスというキリシタンを惟政の許へ送り出した。書いてもらおうとした手紙の内容は、将軍義昭もフロイス支援の考えであり、朝廷の公家たちも了解している、というものだった。朝廷については、この時点でそれが事実だったかどうかは別として、彼としては、惟政の口添えを手紙という形にしたうえで、信長政権に対する公式の要求につなげようとしたのだろう。慎重な態度とともに、文書を重視する姿勢が見える。

「天下布武」の朱印状

しかし結果として、彼は惟政の手紙の到着を待つ必要がなかった。木下藤吉郎（『日本史』では「伝

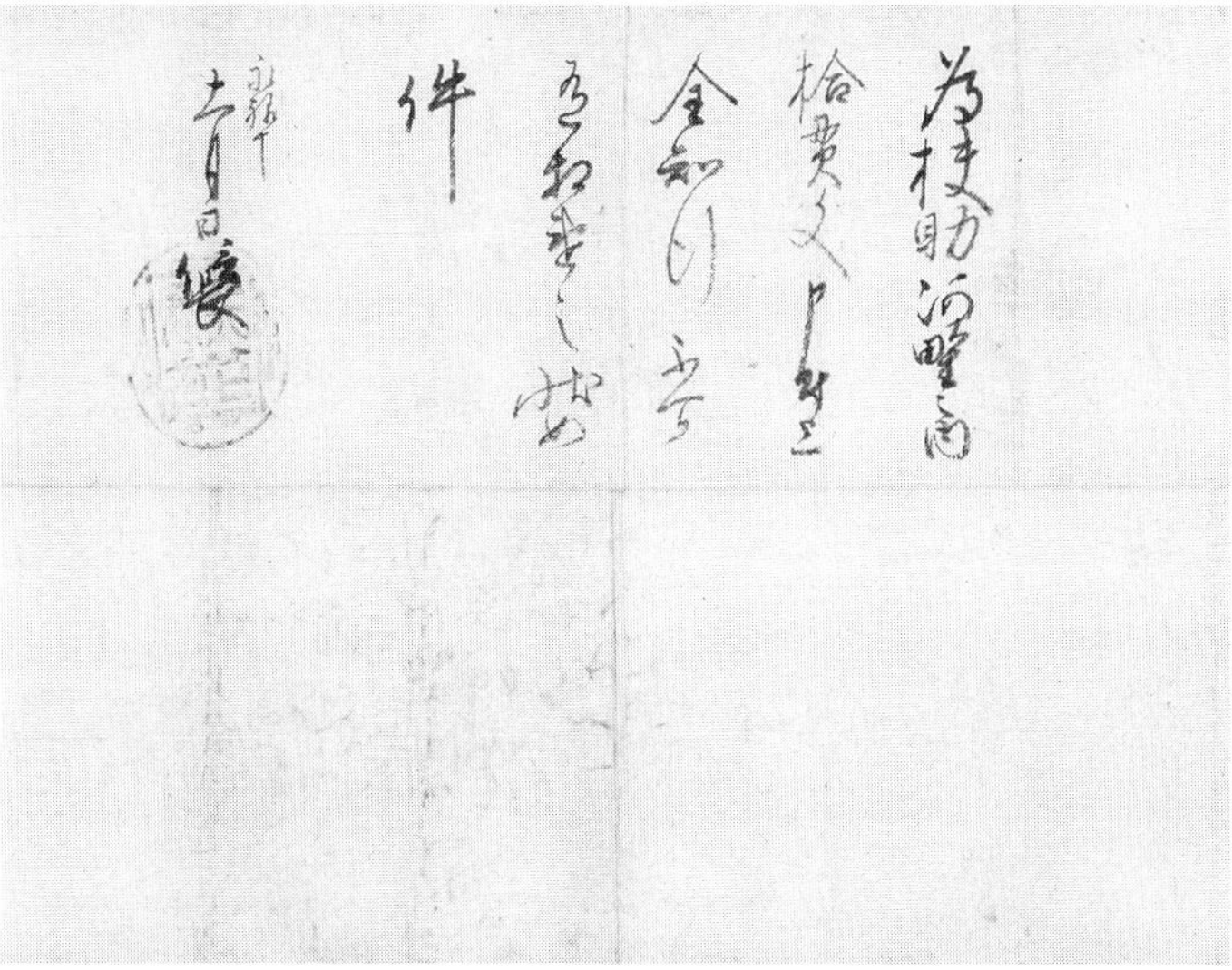

永禄十年十一月　兼松又四郎宛朱印状（名古屋市秀吉清正記念館蔵）…現在のところ、天下布武印を用いた最も古い例の一つと思われる。

十郎」）が信長に進言し、文書の作成に至ったのである。

「秘書は彼〔信長〕の前で膝を屈し、別に一通を書きましたが、それはずっと長文で、内裏と公方様に対して私の庇護を求めるものでした。藤吉郎は国主の印判を押したこの手紙を私に手渡しました」（下の章・一八九頁）

信長はロレンソが考えた案文が気に入らず、さらに長い文章を秘書でもある事務官、つまり祐筆に書かせたのである。この手続きがおこなわれたのが、おそらく政庁であって、作成した文書が家臣の手から交付されるというのも役所らしい。

この文書は朱印状で、印は「天下布武」だったと思われる。この印を押した最も古い文書は、永禄十年十一月付である。「天下」の範囲を都の周辺に限定する考えがあり、「布武」の意味も単なる武力制圧ではないとする見方もあるが、少なくとも信長は岐阜で初めて尾張・美濃を超えた視野をもち、この印を使用したのは確かなことだろう。フロイスが受けた文書は朝廷と将軍に宛てたもので、その意味で天下布武印を使用するのが当然であったと思える。

いわば政治史の舞台であった岐阜の政庁がどこにあったか、発掘調査でも確認されていない。フロイスは、政庁で交渉事を抱える者は、信長が城から宮殿へ下りてくる途中で待ち受けると言っているので、少なくとも政庁と館は別の建物だったと思われる。館を出たところの長い通りにある建物が、政庁に勤める家臣たちのものだとすれば、政庁は館と町の間にあったのだろう。

【コラム】近世を先駆けた城と町

道三の城から信長の城へ

信長以前の岐阜城は稲葉山城と呼ばれ、斎藤道三に始まる後斎藤三代の居城であった。山麓の調査では信長期の遺構の下に石積みや階段が見つかっており、これが斎藤期の館の痕跡と考えられる。調査では古い地面に伴って炭・焼土が見つかっており、地面そのものが赤く変色している部分もあった。一番低い平坦地では、炭化したイネやヒエなどが多く出土したことから貯蔵施設の存在が推察されている。いずれも信長による稲葉山城攻めの際の火災痕跡であろう。火災跡は複数の平坦地で確認されるなど山麓の広範囲に及んでいることから、後斎藤氏の屋敷はその大半が焼失したとみられる。信長は自らが焦土と化した場所について整地をおこない、新たに屋敷を構えたのである。このような信長侵攻時の火災跡や斎藤期の遺構は城下町でも確認できることから、信長の岐阜城・岐阜城下町は、斎藤氏の稲葉山城とその城下町を受け継いでつくられたことがわかる。

信長が最初につくった小牧城下町は、原野につくられたニュータウンであったが、すでにこの段階で近世を先取りした都市計画がおこなわれていた。整然と区画された街区、業種ごとに分けられた町であったことが発掘調査により判明してきたのである。この新しい城下町のスタイルが岐阜・安土へと受け継がれ、近世城下町へとつながっていくわけだが、信長はこのような都市計画をどこで学んだのだろうか？

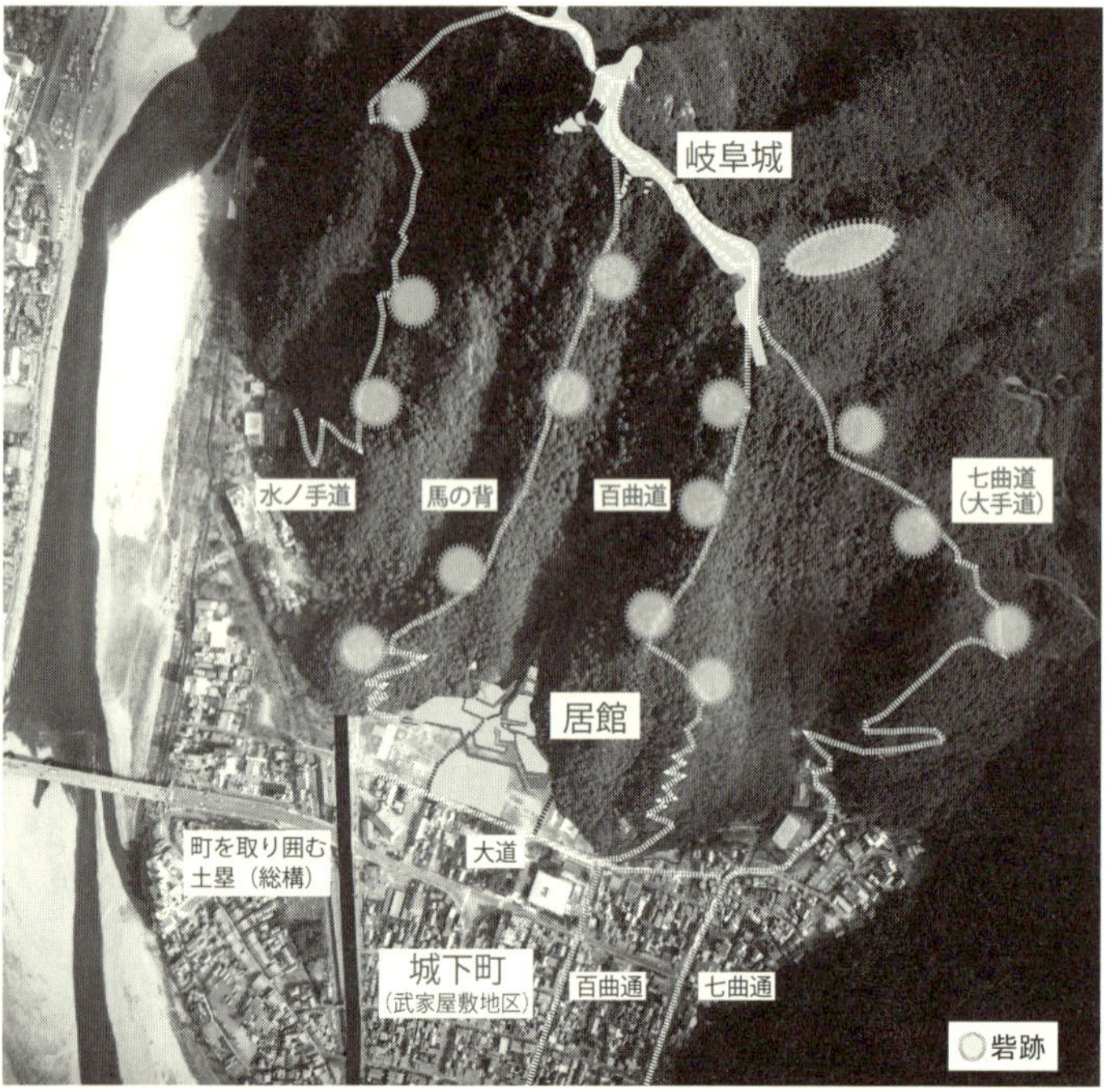

岐阜城と信長居館の位置（左が北）（岐阜市提供）

もしかしたら義父である道三がつくった城下町にヒントを得たのかもしれない。

近世城郭の萌芽

今、岐阜城というと、山頂の天守閣を思い浮かべる人が大半であろう。だが城はそれだけで機能したのではない。山頂の城郭と山麓の居館、それを結ぶ登城路、山中の要所に配された砦、そして何より金華山そのものが天然の要害として機能したのである。多少改変はあるものの、かつての登城路は登山道として現在も使われており、巨石列や石垣は山麓だけでなく山頂部にもその痕跡を見ることができる。

近年、岐阜市教育委員会によりお

最も大きい巨石列（千畳敷C区）……ともに高さ2.3ｍ、幅3ｍを測る。石の表面は火災により変色している。（岐阜市提供）

こなわれた遺構分布調査の結果、金華山及び周辺の山の尾根線上に多数の遺構が存在することが明らかになった。その多くが絵図に描かれた砦と対応する。また絵図や文献の検討の結果、江戸時代に尾張藩が管轄した範囲が戦国時代の直接の城域である可能性が高く、その大半が現在の金華山国有林として受け継がれていることが判明した。

岐阜城の後に築城された安土城は、近世城郭の出発点ともいわれている。その特徴は高石垣、礎石建物、瓦葺きという三要素に集約されるが、石垣に関していうと岐阜城やその前の居城である小牧山城でも確認されている。小牧山城では、近年、巨石列に類似する構造物も見つかっており、岐阜城との比較検討がされるようになってきた。岐阜城では推定高さ五メートルを超える石垣もつくられるなど、一段階進んだ構築技術を見ることができるが、斎藤期には見られないこのような構造物は、信長が岐阜城を修築するにあたって石造りの城を志向していたことを示すものといえるだろう。また周囲に目を向けると巨石列や石垣だけでなく山の岩盤そのものも利用していることがわかる。ある場所では山の岩盤を大胆に加工し、またある場所では自然の形を生かしながら、周囲の景色をうまく居館の庭園等に取り込んで、全体的に「見せる」城づくりをおこなっていたのではないだろうか。フロイスのいう「截断されない石の壁」には巨石列の他に石垣や岩盤も含まれているように思える。

その後、信長は安土城を築城し居を移すことになるが、その石造りの城は総石垣であった。安土城に巨石列は受け継がれなかったのである。信長は岐阜に移ってまもなく「天下布武」印を使い始めるが、中世から近世への転換期にあたる激動の時代の中、彼は試行錯誤しながら新しい城の姿を模索していたのかもしれない。岐阜城の石垣と巨石列は東海地方における信長の築城技術の到達点でもあり、構築技術の試行錯誤・発展過程を示していると評価できるのではないだろうか。

このように信長の天下統一の拠点であった岐阜城には、近世の先駆けともいえるさまざまな要素がうかがえる。そして調査の進展により、その歴史的価値が見直されるようになった。平成二十三年は金華山国有林を含む約二〇九ヘクタールが『国史跡岐阜城跡』となる。今後のさらなる調査に期待したい。

（髙橋方紀）

十二　山上の城へ

“城を見ていけ”

フロイスの岐阜訪問は上々の首尾で、朱印状を得るという最高の成果が得られたのである。ナカイ・ルイスを和田惟政の許へ遣ったのが結果的に無意味になったが、もう惟政の支援の手紙が届くのを岐阜で待つ必要はなくなった。この上は一刻も早く帰京し、先行きの不安に苛まれているキリシタンたちを安心させなければならない。しかし信長は、出発を二日間延期するように言って彼を引き留めた。山の上の城を見ていけというのである。他ならぬ信長が言うのだから、断って怒らせるわけにもいかない。それにフロイス自身、山の上に興味もあっただろうし、この天下を握ろうとしている権力者に通じておけば、この先何かと有利に働くことは間違いない。

翌朝、フロイスたちは食事に招かれた後、勝家に連れられて山頂の城を目指した。彼らの後に岐阜を訪ねた山科言継も城を案内され、七曲《ななまがり》という館の南方から入る道を登った。この道は岐阜城の大手と伝えられてきた道で、現在でも金華山登山の主要コースの一つである。他の道より多少時間はかかるが、急峻なこの山にしては比較的傾斜が緩い道で、フロイスたちもこれを登ったかもしれ

現在の岐阜城天守閣（岐阜市提供）

ない。

「（信長は）私に美濃と尾張の国の大部分を見せましたが、城から見えるのはすべて平野でした」（下の章・一九一頁）

これは一九五六年に山頂に建てられた現代の「岐阜城」から西や南を見た広々とした眺望と同じである。しかしただの絶景ではない。ここからは小牧山が見える。清須もあの辺りと指さすことができる。濃尾平野を一望する視点は現在とまったく変わらないが、その時の信長にとって、その眺めは、尾張から美濃へ至る彼の来し方そのものであった。それをフロイスに見せたかったのだろう。

二人は縁に座り、景色を眺めながら二時間

半から三時間も話し込んだ。主に信長の質問にフロイスが答える形のやりとりだったが、地球の元素や天体、世界各地の気候などいろいろだった。込み入った話はロレンソが通訳しただろう。宗教や政治の話もなかったとはいえないが、このときは少なくとも話題の中心ではなく、政庁で公式に取り交わされるような種類の会話ではなかった。そればかりか、信長はフロイスのために自ら膳を捧げもってくるという意外な行動をする。ロレンソへは息子の信雄《のぶかつ》が運んで来たが、普段は決してないことだったらしい。信長は「突然やって来るものだから、供するものが何もない」と言いつつも、ホスト役になってここで一緒に食事をした。

「住む」「見せる」ための城

重要なのは、外来の客をもてなす場が麓の館だけでなく、高所の城にもあったことである。館と同じように、城にも金彩の屏風が置かれ豪華に飾られた座敷があった。（フロイスは接待を受ける文化的な装いをもった部屋を常に座敷《ジアセキ》と日本語で表現した。）多くの家臣が仕えていながら、建物の中心部分には立ち入りが許されていないことも同様である。もちろん城というからには、軍事的な設備もあった。山を登っていく途中には砦があり、昼夜の別なく兵が交替で守っていたし、城の最上階と思われる座敷は二千本の矢が取り巻いていた。フロイスも明確に城砦《フォルタレーザ》といい、宮殿《パラシウス》や屋敷《カーザス》とは区別している。しかし、信長は明らかに山の上を接待の場や住居としても使っていた。何のためか、かなり頻繁に麓の館との間を往復していたらしいが、城で日常的な生活を送ることもできた。山科言継が岐阜に入ったときも、信長が山の上に行っていて二日間会えず、その後下山してきたところで会見が実現した。そしてフロイス同様、用件のほとんどは麓で済ませて、ただ見物のためだけに山を登ったのである。

周囲に急な岸壁を回らし、長良川の南岸にそびえる姿は、いわゆる「難攻不落」という表現がよく当てはまるように思える。そのイメージは、一旦事あれば立てこもって敵の攻撃を防ぎ、あるいは引っ張り込んで打撃を与えるというものだろう。しかし外見がどうであれ、岐阜の城は、むしろ麓の館と共通する城主の御殿としての一面をもっていたのであり、「守る」「戦う」より「住む」「見せる」に重きを置いていたように思える。平地から見上げる高みに、信長の居城はあったのである。

十三　二つの町

「バビロンの混雑」

フロイス岐阜来訪の最終的な目的は、権力者としての信長を頼み、その保護の下に都やその周辺での布教を進めることにあったが、今まで見てきたように、彼は宗教的な色彩の薄い岐阜城や「宮殿」のことまで書き留めた。前にも述べたが、イエズス会宣教師の手紙は、会員としての活動報告書の性格ももっていたから、頼ろうとする相手がどれほど絶大な権力をもっているか、また信長を見込んだ自分の判断がいかに正しかったか、会の上層部や他の会員に伝えておきたいという思いもあっただろう。見上げるような高みの城や豪華な館は、もっている権力の大きさをストレートに表すものであるし、わざわざ家臣に対する彼の強権的な態度について詳しく述べているのにも、そういったフロイスの意識が感じられる。

ただ、岐阜について彼が書いているのは、城や館のことだけではない。彼が八日間を過ごした町のことにもかなりスペースを割いている。この点は、例えば太田牛一『信長公記』などとの違いであって、多少筆が走りすぎる面はあるにしても、目に見える現実までも描こうとしたフロイスの手

再現された岐阜の町……岐阜市歴史博物館では、フロイスが描いた町の賑わいが体験できる。（丹青社提供）

紙や著書『日本史』の重要な側面である。もちろん『信長公記』が一級の史料であることには異論がないが、この辺は信長と主従関係にある牛一と、そうでないフロイスの立場の違いかもしれない。牛一の目は常に主君・信長本人に向かっているが、フロイスには元々その必要がない。公家・山科言継の『言継卿記』がフロイスと同様、信長の城や館を案内されたことや町の様子にも少し触れているのは、同じ理由によるのだろう。

この時の町の人口は、手紙では一万人、『日本史』ではもう少し具体的に八千人から一万人となっている。戦国時代の岐阜城下町を継承した江戸時代の岐阜町について、十八世紀中ごろに五三〇〇人弱という数字があるが、それから考えると、これはあくまで大雑把な概数といったところだろう。法制的な行政区画が必ずしもはっきりしない時代なので、フロイスに問われた住民がその場で適当に答えたというような、大した根拠もない数字かもしれない。ただ、京都や堺のような大都市とは比べようがないにしても、岐阜の町が地方都市としてある程度の規模をもち、地域経済の中核となっていたことは確かである。『言継卿記』にも、町にあった評判の灯篭を見物に行ったが群衆で見ることができなかったこと、酒が高くて買えないこと、などが書かれている。相当な人口が集中していたことがわかるし、供給を超える需要のためにインフレのような経済状態にあったことが想像される。

その町の様子を、フロイスの筆は生き生きと描き出す。諸国から荷馬を牽いた商人が集まり、町は喧騒に包まれている。一方で運んできた荷を解く者がいると思えば、反対に荷造りに精を出す者もいる。商売だけではない。賭博に興じる者、場違いなところで食事にかかる者、町全体混沌の中にあった。会話もできないような大音響にフロイス一行は宿の二階へ避難したほどで、彼はその雰囲気を「バビロニアの混雑」（アルカラ版書簡集）あるいは「バビロンの混雑」（『日本史』）と表現している。バビロニアとはメソポタミアの古代国家、バビロンはその首都の名である。この場合、おそらく彼の頭にあったのは、紀元前七～六世紀の「新バビロニア」と呼ばれる王朝で、その王、ネブカドネザル二世という人物は、この国をオリエント最大最強の国家に発展させたことで知られる。

『旧約聖書』にも登場するこの強大な王を、フロイスは地域権力のレベルを超えて勢力を広げていく信長の姿と重ね合わせたのだろう。

「楽市」と官僚たちの町

ただ、この町が信長の権力によって支配あるいは管理された町であるかどうか、いわゆる「楽市場」との関連で、研究者の中でも議論がある。時代の革命児・信長が、中世以来の特権の上に胡座をかいていた商工集団「座」からいろいろな商売を解放し、自由で開放的な経済振興政策を推し進めたと思っている人は多いだろう。いわば古典的ともいえる考え方で、最近のちょっと閉塞的で出口が見えない経済状況の中で、何となく信長の指導力や革新性への憧れのようなものもあって、この「常識」を後押ししているかもしれない。しかし、このような評価をそのまま百パーセント信じている研究者は、今日ではあまりいないだろう。

新しい考え方の代表的なものが、「楽市」が領主の支配から独立して寺院の中に歴史的に形成されていたもので、新しい支配者の信長がそれを後から追認したにすぎない、とするものである（文献5）。岐阜市にある円徳寺という寺は、永禄十年と十一年に信長政権が発令した木製の札を所蔵していて、「楽市楽座制札」として重要文化財に指定されている。永禄十年の信長入城の直後に出された制札には、楽市場にやって来た者の領国内の通行自由、借銭・借米・諸役の免除、押し買い（押し売りの反対）や喧嘩など市場内での不法行為の禁止などが定められている。この制札が円徳寺に伝えられてきたことから、その前身である浄泉坊という寺の市場に対して出されたもので、信長入城以前から寺内に領主権力から独立した「楽市」が開かれていた、と考えるのである。この考えに対しては、この制札は浄泉坊「寺内」に出されたものではなく、城下町の外に立てられた市に住人の定着を図るための信長の政策であり、寺とは無関係である、とする批判がある（文献10）。しかし江戸時代の史料を傍証としたその批判の論証方法にも、また逆の批判がある（文献22）。市場と領主権力の関係のあり方が問われているのである。

私には、楽市場をめぐるこのような議論に加わる力はない。ただ、フロイスの記述には、いくつかヒントになりそうな箇所がある。

「（宮殿の）三階と四階の見晴らし台からは町の全体が見えますが、そこはすべて武将や主だった貴人が所有する新築の家々でした。宮殿を出たところの非常に長い通りは、政庁《コルテ》の人々や奉公人の家のみで、他の人の家は含まれておりません」（下の章・一八七頁）

信長の館を案内されたフロイスが、町の方を眺めた一節である。ここで気がつくのは、この町の住人がすべて信長に仕える人々で、そこで売り買いする商人の姿が見えない、ということだろう。少なくとも、フロイスがバビロニアの町のようだと言った、喧騒や混沌はまったく感じられず、むしろ整然として静まり返った雰囲気すら漂っている。前述したように私は、政庁の人々とは、信長政権の事務官僚的な家臣たちではなかったかと考えている。日本語への翻訳が少し難しいのであるが、フロイスの手紙には、彼らの業務を「処分の代行」とした箇所がある。つまり、信長の名をもって、文書その他行政事務をおこなった人たちである。そうだとすれば、彼らが信長の館のそばに住まいをもっていたのは当然だろう。

これに対して、フロイスが滞在した町は別の場所にあったらしい。ポルトガルのリスボア国立図書館所蔵のフロイス書簡の写本や『エーヴォラ版書簡集』には、「私達（フロイス一行）の宿は遠く離れておりました」（文献42）とある。また岐阜の全体を街《シダーデ》というのに対してこの町は街路《フーア》といっている。今回訳文をつけたスペイン語版『アルカラ版書簡集』でも、この町のことはとくに「郊外区《バリオ》」と別の表現になっている。信長の館の前にある町とは区別しているように思える。どうやら性格内容も立地も異なる二つの町が別々にあったらしい。城の周りの町というと、江戸時代のように、城下に武家屋敷と町人の町屋が集まり、その中を整然と住み分ける都市を思い浮かべるが、これはそのような近世都市の形が整う以前の町のあり方の一つを示しているのかもしれない。

では、フロイスが滞在した町は「寺内」だったのだろうか。結論からいえば、彼が記した文章中には、特定の寺院の中につくられた町であることを思わせる箇所はまったくない。それどころか、彼は夜になると、町の人を集めて「デウス」の教えについて説教までしている。楽市場が開かれた寺とされる浄泉坊は浄土真宗寺院と考えられるが、その寺内であったとすれば、異教の自由な布教活動が可能だったか、疑問である。キリスト教宣教師として初めて美濃に入ったのであるから、人々に教えを広めるという宗教的義務をきちんと果たしたともいえるが、実は、彼は以前似たような状況下で二度、直接の布教活動をしなかったことを率直に語ったことがある。初めは一五六五年、キリスト教に比較的寛容であった将軍足利義輝の殺害に連動して、フロイスたちが都から追放されたときである。彼らが活動していた場所は法華宗本圀寺の「寺内」となる。本圀寺の僧たちの罵りと哄笑に追われるように都を後にしたのであるが、彼はこの町が世俗的な富を増やすために僧院に隣接して建設されたもので、日本語で寺内《ジナイ》という自由都市《ビラ》であるといっている。

二度目は一五六九年、彼が堺から都への復帰を目指していた時で、その途中に富田寺内《トンダジナイ》というところを通った。現在の大阪府高槻市である。ところがこの寺内では、風気と称するはやり病、おそらくはインフルエンザのために多くの人が倒れており、フロイスたちはその外の旅籠屋に泊まることになった。内と外は明確に分かれていたらしく、彼らはその境界線を越えて寺内の中へ入ろうとはしなかったのである。しかしこれはちょっと解せないことで、一般的にいえば人々が窮地にあるこういうときこそ、宗教家にとって民衆教化の絶好の機会であると思える。ましてや自ら「この世の仮の生命」など問題にしないというフロイスだから、伝染病が流行しているから避けて通るなどとは、理由にならないように思われる。都への道を急いだのは、イエズス会の戦略に従って、直接的な布教活動より権力者への陳情を優先したためでもあるが、おそらく元々伝染病などは関係がなく、寺内が独立性の強い、閉ざされた空間であったことも原因だったのではないだろうか。逆にフロイスが滞在し、説教までおこなった岐阜の町は、寺院の支配領域として厳しく管理されたこれらの寺内町とはやや趣を異にする町だったように思える。

不完全だった城下への集住

では、また元に戻るが、信長の館の前の町の方はどうだろう。信長に仕える人々のみの町であり、新築の家々であるので、新たに城下へ家臣団を集め住まわせる政策の表れのように思える。岐阜の前の段階である小牧山では、武家屋敷と商工業者居住区域とが城の南側で東西に分かれていることが、発掘調査結果から推測されている。武士と町人が城下町の中で住み分ける江戸時代の都市のあり方を、信長は早くも小牧で実現していたのだろうか。これが彼の意図的な都市政策であるなら、小牧から岐阜へと整備が進み、安土で完成を見たというふうに発展段階的に考えたいところである。ただ、岐阜では家臣のすべてが館の近くに集められていたわけではなく、例えば信長の馬廻りである大脇伝内の屋敷は館から二十町も離れていた。また安土でも、信長の家臣は、家伝来の土地から家族を呼び寄せて住まわせるように、との命令が下ったことからもわかるように、城下への集住は完全な形ではなかった。安土城もそうだが、その城下町（安土山下町）を信長の意図のとおりに完成した姿と考え、そこから過去へ遡及するようにして、岐阜や小牧の中にその原形を探してストーリーをつくるというやり方は少し危い。それぞれの地域には、それぞれの歴史的な背景や地理的条件がある。そのような地域性から完全には自由でないというのが、またこの時代なのかもしれない。

【コラム】大脇伝内

信長の親衛隊員

大脇伝内という男が、岐阜の町で塩屋を営んでいた。フロイスの岐阜行きをめぐる二つの手紙にその名は出てこないが、都の公家・山科言継の『言継卿記』に、信長の馬廻、つまり親衛隊員のような立場の者として登場する。永禄十二年七月、言継は、後奈良天皇十三回忌への財政支援、平たくいえば無心のため都を出て東へ向かった。元々は徳川家康がいる岡崎を目指したのだが、最短距離のコースである鈴鹿峠越えをせず、関ヶ原を通って岐阜に寄ったのは、信長からも何らかの援助を期待したからだろう。実際、岐阜に一カ月あまりも逗留し、多額の金子調達に成功して、ここから先岡崎まで旅を続ける必要もなくなったのである。この時に岐阜で言継が初めに宿としたのが大脇伝内の家だった。「初めに」というのは、伝内の家は信長の館から二十町も離れていて何かと不便なので、まもなく風呂屋与五郎という者の家に宿替えをしたからである。

百パーセント確定ではないが、同じ永禄十二年、言継よりわずかに早く、フロイス一行が泊まったのも、この伝内の家だった可能性がある。フロイスは宿主の生業が塩屋だとは書いていないが、『日本史』では、諸国から商人が塩を馬に積んで集まっていたとあるので、この家ではその中継的な商いをしていたのだろう。また信長の館から遠いとも言っているので、『言継卿記』の二十町という距離感と符合するように思える。

岐阜市歴史博物館では、常設展示室のリニューアルに際して、この『日本史』と『言継卿記』に出てくる宿を同一のものという仮定のもとに原寸大の町屋再現をした（本書八〇ページ参照）。厳密にいえば、当時の絵図や屏風絵があるわけではないので「原寸大」というのはちょっと変なのだが、とにかく観覧者自身が当時の町屋・風景の中に入り込んでしまうような体感効果を狙ったのである。フロイスが描いたように、宿には二階（屋根裏部屋）があり、周辺には荷馬を牽いた商人がいる。また言継が書くように、主人である伝内は信長の馬廻であり、また塩屋でもある。軍団の構成員でありながら、同時に商売もしているのは、この時代特別なことではなかったようだ。『日本史』では、フロイスが来た当初の主人の態度は冷淡なものだったが、信長が彼に好意を示したという知らせが入った後は、「伴天連様」と呼び、下へも置かぬ厚遇振りだったとする。そしてそれは「主君（信長）に服従していた」からだと説明している。フロイスが自分自身について語るとき、多少都合よく脚色している可能性があるから、少し割り引いて考えた方がいいが、この主人の豹変は、信長と主従関係を結びながら商人としての経営もするという彼の立場を表しているのかもしれない。

宗論を挑み処罰

ところで、これから時を経た一五七九年（天正七）、安土で法話をおこなっていた浄土宗の僧に、法華宗の僧と大脇伝介という者が論争を仕掛け、結果法華宗側がその宗論に敗れるという事件が起こった。宗論が終わった後、信長はこれに関わった伝介を処罰するのであるが、『信長公記』（巻十二）には、「（伝介は）一国一郡を持ち候身にても似合はざるに、おのれは大俗と云ひ、町人と云ひ、塩売の身として、…

…不届の次第、条々御諚候てまず頸をきらせられ」（奥野高広・岩沢愿彦校注、角川文庫版）とある。フロイスは、宗教的な事件であり、また仏教諸宗の中でもキリシタンにとって最大の敵と見なす法華宗の敗北という、いわば彼らとしての慶事でもあるので、『日本史』の中でその内容を詳しく述べた。ただ事件の経過については『信長公記』とほぼ同じで、伝介が領地をもちながら塩を売って生計を立て、俗人でありながら仏僧に宗論を挑んだことを信長が問題にした、と言っている。塩屋が大脇家の家業だとすれば、伝介は、岐阜でフロイス一行を泊めた大脇伝内の少なくとも身内の者で、さらにいえば両者は同一人物である可能性も十分に考えられる。その場合、彼は信長に従って塩売りという商売をもって岐阜から安土へ移ったが、そこでその仕事の範囲を超えた所業をしたという理由で罰せられたということになる。『信長公記』と同様、『日本史』でも、信長は言下にその頸を刎ねしめた、とその最期を記している。武士と商人、あるいはその他の立場を兼ねることが許されない時代が近づいていた。（髙木洋）

十四　ロレンソ

琵琶法師了西

フロイスには、常に影のように随う日本人修道士がいた。元は琵琶法師で、名を了西（了斎）といったという。一五五一年春、了西はフランシスコ・ザビエルが滞在していた山口の教会に現れ、数日後には受洗してロレンソとなった。四年後に早くもイエズス会修道士となったのは、彼の才能と活動実績によるものだろう。

「（コスメ・デ・トルレスの）会には一人の日本人がおり、わずかの視力しかないのだが、神のことがらをよく覚えており、パードレにとって大いなる助けとなっていた。なぜならパードレは何か真剣な議論をしようとするとき、すぐに彼を呼び、そして彼が十分な認識とわかりやすい表現を会得すれば、パードレは彼に日本人たちに説明させるのである」（一五五四年ゴア発信、ポルトガルの修道士宛 修道士ペドロ・デ・アルカソヴァ書簡　文献45）

南蛮屏風（部分、神戸市立博物館蔵）……宣教師たちの群像。杖をつく老人を晩年のロレンソと見る人もいるが、定かではない。

パードレとは、日本布教長コスメ・デ・トルレスのことで、ロレンソが日本における最高位の司祭の下で日本人教化の任にあたっていたことがわかる。キリスト教の教えを、初めて聴く日本人にわかりやすく伝えるのは至難の技であり、少なくとも教理と日本語の両方に練達した宣教師でなければならない。ゴアの学院で学び、日本人最初の修道士となったアンジロウ（ヤジロウ）でさえ、教理を誤って翻訳したと批判されたらしく、日本布教史の表舞台から消えていった。その一方、ロレンソはゴアにもマカオにも出ることはなかったが、戦国日本の中で、脇役ではあっても重要な役割を演じ続けたのである。トルレスの信頼は厚く、修道士となった一五五五年には、都での布教の手がかりを得ようと、彼を司祭ガスパル・ヴィレラにつけて比叡山などに送り込んでいる。

彼が琵琶法師であったことも有利に働いたかもしれない。元々琵琶法師には、目が不自由な僧侶のような人もいて、音楽家と同時に宗教家という側面もあったと考えられている（文献45）。教会において、音楽はミサの重要な構成要素だったが、彼らの弾き語りの技術とコミュニケーション能力は大きな武器となっただろう。『聖書』の物語を、『平家物語』を聴かせるように伝えたという。

「（イルマン・ロレンソは）日本の古い物語を歌い奏することで、生計を立てていた。彼は生来の才能と能弁と、それにみすぼらしい肉体をもった人物で、カテキズモ［教義書］でも、また普段の説教においてもすぐれた説教者であることが判明した」（一五九三年ゴア発信、イエズス会総長宛 メルショール・デ・フィゲレード書簡　文献45）

常にフロイスと共に

フロイスの布教活動も、ロレンソ抜きには考えられない。信長の面前での僧日乗との宗教論争については前に述べたが、議論をリードしたのはフロイスよりも主にロレンソだった。この論争がキリスト教側の勝利に終わったというフロイスの結論は、負けたという日乗が信長に罰せられていないので割り引いて考えた方がいいが、二時間にわたる論争にロレンソが疲れ果てたという手紙の記述は率直で、あり得ることに思える。このときの彼はフロイスの通訳としてではなく、自分の学んだ知識と弁舌の力を総動員して、主体的に議論したのである。論争を続けられなくなった彼の後はフロイスが引き継いだ。しかし、フロイスも相手となる仏教の研究と想定問答のような訓練はしていたと思われるが、その日本語の力では、ロレンソ以上に議論を深めていくことは難しかっただろう。後に著した『日本史』では、フロイスが高度な宗教論を展開したように書かれているが、かなり脚色が加えられているといわれている（文献26）。

フロイスは、有力者への使いや交渉役としてもロレンソを重用した。岐阜への旅に際しても、和田惟政の許へ報告と支援の要請のために派遣したロレンソを、坂本で五日間も待った。惟政が書いてくれるであろう手紙も必要だが、「無縁の地」岐阜で彼がいない場合の困難さも想像できたのだろう。実際、岐阜の館でも、山上の城でも、フロイスが信長と会うときは常に、傍にロレンソの姿があった。キリスト教の教理を理解し、もちろん日本の宗教についての知識もあり、類稀な説得力ももつ。彼は日本布教史の初期に活躍した異能の日本人宣教師であった。

十五　二度目の岐阜来訪

布教長に随行

フロイスは岐阜へ二回来ている。二度目は一五七二年一月（元亀二年十一月）で、前回と同じくロレンソとコスメが一緒だった。違うのは、季節が冬で雪による苦労があったことと、彼が日本布教長フランシスコ・カブラルの随員であったことである。

カブラルは一五七〇年六月、天草の志岐に上陸し、この地でトルレスから布教長の地位を引き継いだ。同じ年の十月、二十年近く日本の統括責任者であったトルレスが死去し、ザビエルが種を蒔いた日本イエズス会は新しい段階を迎えたのだった。カブラルはとくに権力者へ接近することに積極的で、翌年十月には豊後臼杵から都への旅に出た。布教の重点を九州に置き、そこから離れようとしなかったトルレスとはその点が少し違っていた。しばらく堺に滞在した後、高槻で和田惟政と高山右近に会い、それから都に上って将軍とも会見した。

この時、信長は岐阜に帰っていて不在であった。将軍と会って杯まで交わしたにもかかわらず、美濃まで足を延ばしたのは、都にいたフロイスやロレンソが、強大な力をもつ信長にも会っておくよう進言したためだろう。彼らにとっては経験済みの道であったが積雪が深く、岐阜まで五、六日もかかったと記されている。

信長はカブラルたちを大歓迎した。インドから来日した「高僧」であるとして、家臣に礼服を着用して臨むよう命じて礼を尽くした。フロイスの一回目の訪問と対応が異なるのは、カブラルが日本布教長という地位にあり、具体的な要求というより表敬訪問の意味合いが強かったためだろう。ただ信長は、挨拶や形式的な儀礼に止まらず、例によって彼らを質問攻めにしたらしい。日本の神についてどう考えているか、伴天連は魚や肉を食べるか否か、などである。ロレンソがカブラルの代弁をした「神から与えられたものは何でも食べる」という答えに信長は喜び、庭で飼っていた鳥を料理して供したという（文献25）。

フロイスは、このような信長と布教長の会見の様子については詳しく記している。しかし一回目に長文の手紙で報告したような信長の館や城については、ほとんど筆を執っていない。信長のそれまでの振る舞いから考えて、館か城、あるいはその両方を案内しようとしたと思われるし、少なくとも布教長たちに食事を供した場所は「座敷」といわれる飾られた部屋であった可能性が高い。前述したように、一回目の訪問時には「宮殿」の三、四階の内装が未完成であったとしても、二年半後のこの時には美しく完成していたと思われる。それを書かなかったのは、予定どおり会見の翌日には出発して実際に見物の時間がなかったためか、布教長の手前、すでに報告済みのことについては記述を避けたか、どちらかと思われる。いずれにしても残念なことである。

カブラルの眼鏡

ただ、一行に対する人びとの反応について、フロイスはあるエピソードを紹介している。カブラルは近視で眼鏡をかけていたが、それが「四つ目の男」と大評判となり、町の人びとだけでなく尾張からも大勢の見物人が押しかけてきた。宿所に侵入しようとし、それが叶わないとなると、一行が泊まっている二階を覗こうと家の柱をよじ登ろうとさえした。しかし、最初に家から出てきたのが片方の目が不自由なロレンソ、次に出てきたのが眼鏡をかけていないフロイスで、群集は外国人の彼について行ってしまったので、カブラルは後から難なく出発することができたという。フロイスには珍しく、少し冗談も交えた話である。

ただこの滑稽話には細かなところで興味深い点がある。一回目の岐阜滞在時、町の人びとがフロイスにそれほど特別な関心をもった形跡はない。外国人が泊まっているということは知っていたと思われるが、宿の周囲が賑わっていても、それは普段と変わらないものだった。ましてや大勢の見物人がフロイス目当てにやって来るといったことはなかった。それは彼ができるだけ日本人に馴染みのある服装をし、日本の生活習慣に逆らわず、異様な風体の怪しい人物と見られないよう心がけていたことも理由の一つと思われる。これは多くの宣教師が、日本という異文化の国に教えを広めるために採った現実的な方法だった。それを新布教長カブラルは転換したのである。彼は、絹の衣をまとうことを禁止し、宗教家らしい黒い木綿の修道服を着るように命じた。自分自身は頭の剃髪《コロナ》を隠そうとせず、肉料理も好んだという。いやでも目立つ眼鏡を外そうとしないのも、そんな彼の姿勢の表れだったかもしれない。

【コラム】カブラル、オルガンチーノと巡察師

対照的な日本人観

イエズス会は基本的には組織体であるから、司祭であれ修道士であれ、その構成会員は会として決定されたことに従う義務があり、しっかりとした行動規範もあった。しかし最前線で単独または少人数で行動する以上、その都度臨機応変に対応する柔軟さは必要であるし、そもそも宣教師それぞれで布教方法に対する考え方は一つではなかった。有名なのが、ポルトガル人のフランシスコ・カブラルと、イタリア出身のニエッキ・ソルド・オルガンチーノの対立である。

一五七〇年、二人はマカオから同じ船で来日した。すでにマカオで意見の違いから衝突していて、険悪な雰囲気の中に天草志岐に上陸したのである。二人は互いに権限を主張し合い、オルガンチーノは、カブラルの罷免をローマの会総長に訴えたほどである。カブラルの布教長就任以後は、さすがに表面上従うようになったが、その内実は反目と確執であった。

二人の考え方の相違は、一つにはその日本人観の違いに表れていた。オルガンチーノは、日本人は「全世界で最も賢明な国民」であり、これに比べて自分たちヨーロッパ人は「はなはだ野蛮」であって、毎日日本人から教えられていると言った（文献34）。彼は、一五七六年フロイスが九州に異動になった後を継いで、都も担当する中部日本布教長となったが、このような日本人観は当然好意的に受け止められ、こ

の地方では急速に改宗者が増えていったという。信長の孫で最後の岐阜城主、織田秀信に洗礼を施したのも彼であった。初期の宣教師ガスパル・ヴィレラ以来、日本流に馴染んで生活する者は少なくなかったが、オルガンチーノの場合は徹底していた。日本の着物を着、食事も和食だった。「私はイタリア人というより、むしろ日本人である」とまで言ったという。

反対にカブラルは、嫌悪といってよいほど日本人を軽蔑の目で見た。彼によれば、日本人ほど「傲慢で、貪欲で、不安定で、偽装的」な国民はなく、学問をしてヨーロッパ人と同じ知識をもつと、「上長や教師を眼中におくことなく独立」するのである（文献34）。強い差別意識の背景に、自分の立場が危うくなるという危機感があったのだろうか。カブラルは日本人が修道士になることに反対し、「ラテン語の知識もなしに私たちの指示に基づいて異教徒に説教する資格を獲得している」と批判しながら、そのラテン語を学ぶ機会を与えようとしなかった（文献12）。遠藤周作氏の小説『沈黙』は、もちろん創作であるが、その中に登場する、かつてセミナリオで学んだという通辞の役人の言葉はある程度事実を踏まえている。

「パードレたちはいつも我々日本人を馬鹿にしとられた。カブラルというパードレを知っとりましたが、あのお方は格別、我々を蔑まれておられた。日本に来ながら我々の家を嘲り、我々の言葉を嘲り、我々の食事や作法を嘲けられておられた。そして私たちがセミナリオを出ても司祭となることを決して許されなんだ」（文献23）

日本式の生活を嫌ったうえに、差別意識を露わにしたような態度は日本人修道士らの離反を招き、大名・領主でもカブラルに反感をもつ者は多かった。彼は、日本人がラテン語・ポルトガル語を学ぶのを禁止するとともに、日本に新着した若い宣教師に日本語の教師をつけてやることもなかった。このため、説教どころか通訳ができる者も少なく、布教活動は停滞状態に陥ったのである。

日本流を取り入れたヴァリニャーノ

このような状況を打破し、諸制度を整備して布教を促進しようとしたのが、巡察師アレッシャンドロ・ヴァリニャーノである。巡察師とは、イエズス会総長の名代として各国の実情を調査し、指導する権限をもった宣教師である。ヴァリニャーノは、ゴアで輝かしい成果を強調したカブラルの報告書を読んでいたが、日本に来て現実との落差に驚いた。彼は、司祭らがある程度日本流に適応しながら活動し、日本人宣教師も育成するよう方針を転換、これに反対したカブラルは布教長の任を辞することになった。ヴァリニャーノはキリスト教の教育機関の設置や、輸入した印刷機で教理書や日本語の学習書を刊行するなどの施策を推進した。帰国時に四少年を伴った「天正遣欧使節」も、日本の若い人材をヨーロッパで学ばせようというヴァリニャーノの考えだった。

通信制度の改革も彼の仕事である。それまで宣教師が個々に送っていた報告書を布教長の元に集約し、毎年度『日本年報』としてまとめることにした。一五八二年度からその担当として指名されたのが、ルイス・フロイスであった。その後半生、主力を執筆活動に注ぐようになっていったのには、ヴァリニャーノが大きく関わっている。（髙木洋）

十六　安土にて

湖畔の城

一五七五年（天正三）、信長は家督を信忠に譲り、翌年居城を近江安土とした。安土城は、琵琶湖に突き出た丘陵全体を使って築かれた城で、フロイスはその壮大な構造物を城下のことなどとともに書き留めている。ただ彼はこの年の末に九州へ異動になっていて、築城にまつわる記述のかなりの部分は、中部日本布教長のオルガンチーノから聞いた話と、その後一五八一年に巡察師ヴァリニャーノに随って畿内などを回ったときの見聞を基にしたものだろう。この時彼らは一カ月近く安土に滞在し、その間に城や「宮殿」などを少なくとも二回見学している。

岐阜の信長の館内部については、ほとんどフロイスが書いたものしか文献史料がないが、安土城天主の場合は太田牛一『信長公記』の「安土山御天主の次第」がよく知られている。フロイスの文章はこれよりやや簡潔であるが、七層であること、外面が層ごとに違う色で塗られていることなど、一致する点が多い。ただ牛一は天主内部を直接見ておらず、「安土山御天主の次第」は、村井貞勝の「拝見記」を引用したものと考えられている（文献11）。フロイスの『日本史』の記述もこのような

安土城跡の伝大手道……幅６ｍの直線道が山の中腹まで延びている。

日本側の資料を補足に使っている可能性はある。

安土城跡は、一九四〇年（昭和十五）から その翌年に天主と本丸といわれている部分が発掘調査され、平成に入ってから再発掘と範囲を城内各所に拡大した調査がおこなわれた。その成果はきわめて大きく多方面にわたるが、中でも話題となり、議論にもなったのは、この城が信長の居城であると同時に、天皇行幸を意識した構造をもっていたのではないかという点である。その推測の理由の一つが、山の南麓から上る直線状の道である。「大手道」と呼ばれてきたこの道は、発掘の結果、幅が六メートル、踊り場も屈折もなく一三〇メートル真っ直ぐに上っていることがわかった。道は山上部で狭くなって折れをくり返すが、この部分に関する限りは防御性という意味で城のイメージと異なり、天皇専用の道ではなかったかという仮説である。また「本丸御殿跡」ではないかと思われる建物跡は、後に秀吉が建設した御所の清涼殿と平面形が似ているという。フロイスは、ここでも信長の「城」と「宮殿」を区別して書いたが、これらの施設については具体的な名称を記していない。ただ『日本史』に「信長は、この城の一つの側に廊下で互いに続いた、自分の（邸）とは別の宮殿を造営した」とあるのはこのことかもしれない。この別の宮殿は、信長のそれより遥かに華美であった。その枠をこらした建築や広間の調度品、広い庭などは見る者に驚きを与えたとしている。

信長の都市建設

フロイスの目は、山上の城や宮殿だけでなく、武将の屋敷、城下町（安土山下町）にまで広がっている。

「信長はこの地に（難攻）不落な城をもった新市街を築き、自らのあらゆる栄光を発揮せんとした。そこで同山の麓の平野に庶民と職人の町を築き、広く真直ぐに延びた街路……を有するその街の整備を彼らに担当させた」

「街から隔たった湖の入江に沿った他の場所に、山麓を起点として、彼（信長）は領主や高貴な人たちの邸宅を築くことを命じた。……彼に従う諸国の領主たちは、山の周囲とその上部を囲み、非常に立派な邸を築いた」（文献30）

彼が以前訪れた岐阜と異なるのは、城と武将の屋敷、町人の町の位置関係が明らかになっていることと、都市建設が信長の命によって進められたと言っていることである。都を離れることすでに四年、信長政権との交渉など直接の政治的活動から遠いところにあったフロイスが、どれほど正確に把握していたか疑問もあるが、信長を頂点とする支配体制が完成したことを、山上にそびえる天主と家臣の屋敷、山下の町に象徴的に見たのだろう。

一五八〇年（天正八）、オルガンチーノらの努力によって、信長は安土に修道院建設のための土地を用意してやるという配慮を示している。場所は山と町の間で、小さな入江を埋め立てて造成した土地だった。最上階の三階は神学校《セミナリヨ》とし、城山が眼前だった。彼らは、身分ある人びとの近くではなく、民衆の中に住んでいると信用されないと考えていたので、この建物の高さと位置はきわめて望ましいものだった。安土に入ってからの信長の政策を、フロイスは富と権力により陥った慢心と狂気と言いながらも、あまり批判的に書いていないのは当然のことだった。

十七　本能寺の変

本能寺跡……変の舞台は、現在の本能寺から西南西 1kmあまりのところにあった。
（撮影：水崎薫）

信長の死は大きな痛手に

フロイスは、明智十兵衛（光秀）の名を、岐阜来訪についてしたためた一五六九年七月の手紙で初めて記したが、その後さほどの重要人物としては扱ってこなかった。イエズス会にとって利用価値のある有力者として、交渉するような相手とは見ていなかったからだろう。しかし本能寺の変に際しては、彼の人格まで書き込み、かなり辛辣な評価を与えた。裏切りや密会を好み、狡猾で独裁的、己れを偽装するのに抜け目なく、戦においては計略と策謀の達人、といった具合である。

一五八二年六月二十一日（文献26・天正十年六月二日）、光秀の軍勢は本能寺に信長を、次いで宿所妙覚寺から二条御所へ移動した嫡男信忠を襲った。身辺にわずかな兵しかいなかっ

南蛮寺（被昇天の聖母教会、神戸市立博物館蔵）……本能寺の東にあった。

た父子の最期はあっけなく、短時間で決着がついた。フロイスはこの事件を一五八二年度追加報告として速報し、光秀謀反の動機から事件後の安土城での行動、山崎合戦とその末路までを記して、『日本史』でも詳述した。一つにはキリシタンの高山右近の山崎合戦での奮戦と功績を際立たせるため、もう一つが、異教徒なるがゆえの信長と光秀の哀れな最期を記録するためだろう。ただ事件が起きたとき、フロイスは遠く九州にいた。都で実際に何が起きたか、事実関係の多くは、本能寺に近い南蛮寺（被昇天の聖母教会）にいた司祭カリオンらから聞いたことだろう。本能寺の東三町ほどのところにあった教会は三階建てで、わずかだが寺より高い位置にあったらしく、そこから火の手が上がるのが見えたという。

『信長公記』も事件を詳しく伝えている。信長は、自害する前に女性を外へ逃がしたというので、内容は彼女たちなど生存者から聞いた話だろう。フロイスと牛一の記述は、どちらも現場を直接見たわけではなく、大混乱の中でもあるので、信長の最期は細かな点で違ったところもある。『日本史』によると、信長は自ら長刀をもって戦った後、腕に銃弾を受けて、自分の部屋に入り、切腹または焼死した。『信長公記』では、最初弓を取って戦い、肘に槍傷を受けて、奥深い部屋で切腹したとする。森乱（蘭）丸に言ったという有名な「是非に及ばず」という台詞は、『信長公記』に出てくる。

信長の突然の死去は、イエズス会にとってきわめて大きな痛手となった。巡察師が信長から最大級の歓待を受けたとき、それで会の存在感が都で高まったように思われた。安土の修道院もまだ建築工事が残ってはいたが、オルガンチーノによってすでに実質的な運営が始まっていた。信長の保護の下、日本の中心となる両都を根拠地として、会の前途は洋々のはずだった。それが御破算になってしまった。

振れる信長評

今まで見てきたように、イエズス会は権力者の力を利用することによって布教を促進させ、「上から下へ」の改宗を一気に進めようとした。河内や摂津では、キリシタンの領主が仏寺を破壊して改宗運動を起こし、実際にどの程度の信仰心があったか疑問があるが、一度に千人、二千人と、洗礼を受ける者が現れた。この改宗運動にはオルガンチーノが深く関わっていたらしいが、日本人贔屓の彼にして、布教には世俗的な権力が必要だと考えていたのである。この点ではカブラルの考えも同じであるし、フロイスも直接民衆の中で教えを説いても無意味であると考えていた。だからこそ彼らは、事実上最高の権力を握った信長に、贈物を携えて近づいていったのである。しかしその権力が崩壊したとき、それに依存していた彼らの全日本布教構想も大きく崩れてしまった。

「現世のみならず、天においても自らを支配する者はいないと考えていた信長も、ついには以上のように無残で哀れな末路を遂げたのであるが、彼がきわめて稀に見る優秀な人物であり、非凡の著名な司令官《カピタン》として、大いなる賢明さをもって天下を統治した者であったことは否定し得ない。……その権力を示すものとては何ら残存せず、瞬時にして彼ら［信長と光秀］は地獄に落とされたのである」（文献30）

来世を信じない支配者に頼りながら神の教えを説くという矛盾が表れた一文である。そして彼ら宣教師は、本能寺の変の後になっても、自分たちの行動の矛盾をはっきりと意識することはなかったようだ。フロイスは、信長のことを「善政を施した」ともち上げたかと思うと、「悪魔的傲慢さ」「冒涜的な欲望」と宗教的なフレーズを用いて批判した。その振れる信長評は、聖と俗の間を揺れ動いた彼らの現実を示しているように思える。

十八　フロイスの死

秀吉の伴天連追放令

新しい支配者・豊臣秀吉も、初めのうちキリスト教を擁護する姿勢を見せた。一五八六年（天正十四）、日本副管区長（日本布教長から名称変更）のコエリュらが大坂城に関白秀吉を訪ね、島津氏の軍事的圧力など九州地方の情勢について陳情している。これに対して秀吉は、信長の真似をしたわけでもないだろうが、城内を見物させ、布教許可の朱印状を交付した。このとき朝鮮攻略の話が出て、どちらからの提案か不明であるが、ポルトガル船二隻の提供について話し合われたという。

しかし翌一五八七年七月、秀吉は突然二つの条令を二日連続で公布する。一日目の十一カ条の条令は、大名のキリシタンへの改宗の制限と領民の強制的改宗の禁止などの内容だが、二日目の条令で、伴天連の二十日以内の国外退去が定められた。その十日前に秀吉は博多湾に停泊中の南蛮船を訪問したくらいだから、両者の関係は悪かったとは思えず、この条令公布のきっかけが何だったのか、実際よくわからない。ただ国外退去とはいうものの、商売のための黒船（南蛮船）は問題なく、仏教の妨げとならないのなら誰でも入国できるとも言っているので、この追放令にどれだけの実効性があったか疑問である。一五九〇年にはヴァリニャーノが少年遣欧使節を伴って長崎に戻り、その翌年にインド副王の使いとして秀吉に謁見、イタリア製の甲冑二領とアラビア馬を贈呈した。このようなことから、イエズス会の宣教師たちは、追放令といっても表面上これに従う姿勢を示しておけばよいだろう、といった風に考えるようになったらしい。事実、長崎周辺ではイエズス会の活動は盛んであったし、このころから一種の「南蛮ブーム」が起こり、差し迫った迫害が意識されることもなかった。

ただ、やがてイエズス会の日本における布教活動の独占的な状況に変化が起きてきた。イエズス会の布教方法に批判的なスペイン系のフランシスコ会宣教師も来日するようになったのである。フランシスコ会宣教師は、都で公然と托鉢をおこない、民衆救済のための病院を開いたりした。

豊臣秀吉像（岐阜市歴史博物館蔵）

二十六聖人殉教事件

そんな中、一五九六年（文禄五）、スペイン船サン・フェリーペ号が土佐に漂着した。秀吉は、この船の航海士の「スペインの宣教師が信者を増や

長崎の二十六聖人記念碑……殉教地とされる長崎の西坂の丘に立つ。江戸時代の元和８年にも、ここでキリシタン56名が処刑された。

すのは、その国を征服するためだ」という発言に激怒したと伝えられる。またこの船の積荷を没収する口実として、追放令に違反する宣教師の問題を取り上げたともいう。本当のところはよくわからないが、いずれにしても、これをきっかけとして、事態はキリシタンにとっての重大事件へと発展する。いわゆる二十六聖人殉教事件である。この年、都や大坂で捕縛されたキリシタンは二十四人、その後自ら名乗り出た二人を加え、徒歩で長崎まで連行された。刑が執行されたのは翌年二月五日（文献34・慶長元年十二月十九日）、司祭を含め多くがフランシスコ会の関係者だったが、イエズス会修道士も三人含まれていた。

フロイスはこの事件を渾身の力を込めて詳述した。彼は、残された命があまり長くないことを悟っていたかどうかわからないが、結果的にこの報告書が、まとまった著述としては最後のものとなった。彼は全日本の年報執筆担当者だったが、この報告書は年報とは別に書かれた特別報告で、一五九七年三月十五日付で発信された。事件からわずか一カ月あまりでまとめられたこと、通常の報告書も上回る枚数、そして彼の体調を考えると、凄まじいまでの熱意が伝わってくるようだ。

ところが、巡察師ヴァリニャーノは、この特別報告を快く思わなかった。フロイスはイエズス会総長宛のこの報告書を二通ずつ、マニラ経由とマカオ・ゴア経由で送った。マカオでこれを見たヴァリニャーノは、その長く詳細な記述が気に入らず、大幅に削除短縮したうえで、マニラのイエズス会院長に対して、先に送られた報告書は破棄し短縮後のものをローマへ送るよう指示した。しかしマニラからはすでに発信済みで、結局ローマには現在二種類の「二十六聖人殉教事件報告書」が収蔵されているという。現代の私たちにとっては、巡察師の指示が間に合わなかったことは幸運だったといえるだろう。

ヴァリニャーノがフロイスの執筆作法を嫌ったことはこれ以前にもあった。フロイスは一五九二年十月、巡察師とともに一時マカオへ渡ったことがある。このとき彼は、代表作『日本史』の書き上げた分を携えており、マカオからローマへ送るよう懇願した。日本布教史をまとめる仕事は元々イエズス会総長の命に基づくものであり、その願いは当然のことと思われるが、巡察師はもっと短くまとめるよう指示しただけで検閲もせず、結局『日本史』がヨーロッパに送られることはなかった。最も長く日本で活動したフロイスとしては、自分以外に日本布教史を記述し得る者はいないという自負もあり、精魂を傾けたこの作品をいささかでも削ることはできなかったのだろう。

一五九七年七月八日（文献27・慶長二年五月二十五日）、フロイスは『日本史』が公になることを願いながら、長崎の修道院で死去した。享年六十五歳。死因は明らかでないが、その一年ほど前から片足が腫れて痛み、手がしびれて舌がもつれていたという。

十九　記憶の彼方の宣教師

家康のキリスト教禁教令

フロイスがあと数年生きていれば、戦国末期最大の事件である関ヶ原合戦とその後を詳しく記録しただろう。信長・秀吉の強大な権力と人格を目の当たりにして書いた彼ならば、当然合戦の勝者家康にも大きな関心を払ったに違いない。しかしその後のキリシタンの苦難を見なかったのは、彼にとっては幸せだったかもしれない。

家康は、はじめキリシタンに理解を示していた。マカオとの間でイエズス会宣教師が仲介する貿易も認めていた。布教を制限しながら貿易による利益は得ようとする宗教・経済分離の考えも、秀吉の政策を踏襲していた。東南アジアと結んだ朱印船貿易の基地として長崎は繁栄したが、ここは日本イエズス会の最大拠点でもあった。家康は長崎奉行を派遣したが、奉行所を実質運営する四人の年寄はキリシタンだったという。

しかし、やがてこの繁栄の舞台は暗転する。一六〇九年スペインの支配から脱したオランダの東インド会社が、その四年後にはイギリス東インド会社が平戸に商館を開設した。この非カトリック

『吉利支丹退治物語』（京都大学附属図書館蔵）……天狗のように描かれたバテレン。

国の商人たちは、宗教行為に関わることなく、ポルトガル船や朱印船による取引を妨害・圧迫した。そのうえ、一六一〇年にはポルトガル船爆沈事件に端を発した長崎奉行とイエズス会の対立があり、一六一二年にはキリシタン大名有馬晴信を巻き込んだ収賄事件が発覚した。これを契機に、家康は最初のキリスト教禁教令を発布、一六一四年二月一日（文献34・慶長十八年十二月二十三日）には、金地院崇伝が禁教の文案を上申、家康は諸大名にキリシタン根絶を厳命した。徳川幕府によるこの禁教政策は厳しく実行に移され、宣教師の追放と国内潜伏、「隠れキリシタン」の摘発と拷問、処刑など大弾圧がおこなわれたことはよく知られている。一六三〇年代にはスペイン船の来航が途絶え、一六三九年（寛永十六）、徳川家光はポルトガル船の来航を禁止、オランダを除いてヨーロッパとの文物の交流は停止したのである。

変わりゆく宣教師像

『吉利支丹退治物語』という書がある。書かれたのは江戸初期と思われるが、ここに「宇留岸伴天《ウルガンバテ》連《レン》」という人物が登場する。おそらくイエズス会司祭オルガンチーノのことだろう。キリシタンの法を広めるため、まず日本人の思想能力を見きわめようと、南蛮の珍奇な品々をもってきた、と書かれている。もちろん反キリスト教の立場で記述されたものだが、イエズス会が布教の一手段として、ポルトガル船が運んでくる物品を贈答に使ったことは事実である。ただこのイタリア人宣教師は、人間の形はしているが、天狗とも見越し入道とも、何とも名状しがたい者として描かれている。思想宗教よりも、まず西洋人の外見に関心が集中しているのである。

　時を経ると、さらに宣教師の描き方が変わってくる。フロイスの死から約二百年後、尾張の吉田正直が『尾濃葉栗見聞集』という書を編纂した。その中に「伴天連江州安土へ来る事」という一文がある。

「（永禄十一年）宇留岸伴天連不羅牟伴天連《フラムバテレン》とて二人……長崎へ着せしを、信長公近江国安土の

日蓮宗の妙法寺へ迎へ入れ給ふ……その姿背は一丈ばかり、……耳長く肩に及ぶ、口は耳に及ぶ

……その形相人とは更に思われず」

「不羅午」はフロイスのことと思われる。一五七一年、彼はオルガンチーノとともに信長に会っているし、語感が近い名前の司祭を他に思いつかない。しかし永禄十一年は信長が岐阜へ入って間もないときで、まったくの誤りであるし、まるで異星人を見るかのような描写には思わず苦笑してしまう。この記述は『吉利支丹退治物語』を参考にしている可能性があるが、この筆者の想像はそれを超えてさらに膨らんだと思える。二人の司祭は岐阜に縁のある宣教師であるが、彼らの布教活動の記憶は遠い過去へと押しやられ、歪んだ想像力によって、無残に変形してしまった。徳川幕府の徹底した禁教政策は、それまでの九十年に及ぶ日本布教の記録と記憶を、すっかり抹消してしまったように見える。

フロイス通り……彼と直接の関係はないが、その名の顕彰のために命名された。

しかし、近代に入ると、彼ら宣教師に再び光が当たるようになる。その手紙や報告書を集めて印刷刊行された書簡集は、

競うようにして日本に持ち込まれた。そして二十世紀に入ると、散逸していたフロイスの『日本史』写本の各部分が、ポルトガルの図書館やフランスの個人の文庫から別々に発見された。戦国時代研究は、新たな史料を得たことによって、大きく前進したのである。

多くのキリシタン遺跡は幕府や諸藩によって破壊され、また信者によって秘匿されてきた。フロイスもどこに埋葬されたか、はっきりとはわかっていない。この頃、長崎には教会が十カ所以上あったというから、そのどこかに葬られたのだろう。いま長崎市には、街中に「フロイス通り」とその名を冠した道路があり、事績を記した石碑やポルトガル政府から贈られたモニュメントがある。初めて上陸した西海市横瀬には、彼の像が海に向かって立っている。彼が予想しなかった形ではあるが、その顕彰は少しずつ進められているようである。

下の章——

フロイス・二通の手紙

一　第一の手紙～一五六九年六月一日

フロイスは岐阜を目指して出発する直前、一五六九年六月一日の夜、豊後にあった司祭メルショール・デ・フィゲレード宛の長文の手紙を書き終えた。おそらく正確には、すでに日付も変わって、翌六月二日早暁といってよい時刻になっていただろう。筆まめなフロイスにあっても、これは最も長い部類の手紙である。日本イエズス会にとって、一五六五年の都からの追放以来、しばらく日本の中枢部から外れていたのが、信長の入洛によって新しい展望が開けた頃である。しかし同時にそれは、朝廷や日本在来宗派との軋轢という、以前にも経験した困難に、再び直面することでもあった。このような動きのある情勢下にあれば、あれもこれもと、どうしても文章が長々としたものになるのは、自然の成り行きだったろう。時にくどく冗長と感じられることさえあるかもしれない。

ただこの手紙は六月一日付（洋暦）発信であっても、三月都復帰のため堺を出発するところから始まっていて、二カ月以上にわたる間のことが書かれている。つまりこの日一気に書き上げたものというよりは、何日かにわたって書き継いだ、あるいは書き継いだものを下地にしたものらしい。例えば発信の半月前、五月十五日のことを書くのに「丁度今」という言い方をしている。事態は日々刻々と変化し、彼らにとって切迫したものであったので、さらなる展開を予感したフロイスが、宗務の合間や夜間に書き溜めていたものと思われる。さすが「記録魔」の面目躍如といったところだろう。この辺りの雰囲気は、フロイスの手紙の全体を読み通すことによって、感じ取っていただきたい。この手紙には、信長の性格・風貌やこの年の動向、キリシタン追放の綸旨《りんじ》、朝山日乗との宗論など、重要かつ興味深い記事が多く、フロイスの手紙の中でも最も有名なものといえる。

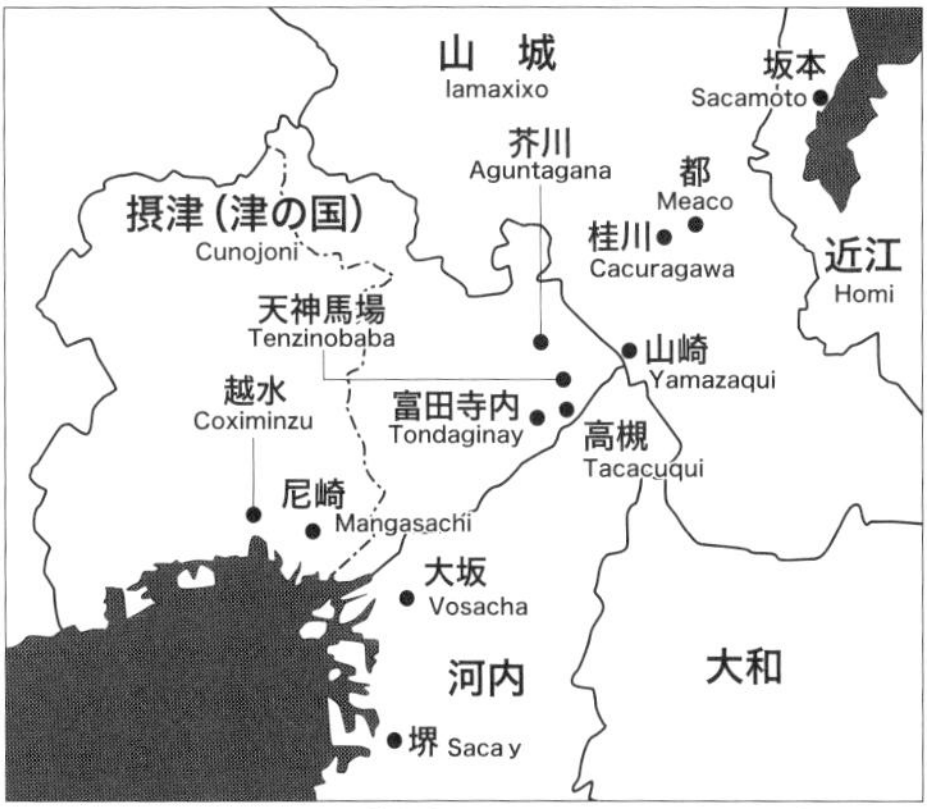

フロイスゆかりの地（欧字はアルカラ版の表記）

　本章は、一五七五年スペインで刊行された『アルカラ版書簡集』からの邦訳である。前述したように、手紙とはいえ義務付けられた報告書の性格もあるので、原文の単語を忠実に訳すと、生硬な表現で、あまり面白味が感じられない文章になってしまうおそれがある。そのため本章では、多少の意訳となってもわかりやすいことを心がけ、また手紙らしく「です・ます」調とした。フロイスの文章は、関係代名詞を多用していて、そのまま訳すと「〇〇であるところの××」式に、一センテンスが非常に長くなってしまう。また原文はほとんど間接話法を用いているが、人称が混乱する原因となるので、いくつかに分割したり会話文としてカッコで表示したりした。

なお、文中日本語に置き換えるのに複数の解釈ができる語は、初出のみ原単語発音をカタカナのルビとした。また原文には、登場人物の氏名や地名などの固有名詞はもちろん、普通名詞でも日本語の発音そのままにアルファベット表記したところがある。例えば、ケチジュウベオ（明智十兵衛）やメアコ（都）、チャ（茶）などで、同様にカタカナのルビを振った。［　］内は筆者の補注である。

一五六九年六月一日付　都発信
ルイス・フロイス師の手紙

主と神の恵みと永遠の愛が、私たちの魂に末永く住まわれますように私は堺《サカイ》から長い手紙を送りましたが、その中で、先の四旬節《クアレスマ》の初めにこの地で起こったことを広い範囲にわたって述べました。今回ここでは、もし私が多くの異常な出来事に妨げられることがなければ、前回の話に続けて述べたいと思います。それは、この遠く離れた土地において連続して起きている繁栄とその逆の事例について、またすべての善の至高の創造者であるデウスへの最高の賛美について論じることができるという幸福について、尊師に常に知っておいていただくという慰めであるとお思いください。またその別の理由は、私たちの差し迫った窮状に対して、（デウスへの）仲立ちとして、尊師が聖なる犠牲と祈りという援けをしてくださることを切に願っているということです。尊師は、愛すべきインドの修道士たちの魂を再生するための小さな教訓となる材料を、ここに見出されることでしょう。私たちの主の愛により、果実［成果］の成る枝を取り分け、余分なものは取り去り、中心となる肝心なこと（だけ）を書ければ、と思います。それというのも、私は強い活力からほど遠く、大きな善を欠いており、イエズス会書簡にあるべき真摯かつ謙虚な方法を失っているからであります。

　堺において、主だった武将《セニョーレス》、すなわち尾張《ウォアリ》の国主《レイ》、信長《ノブナンガ》に仕える武将の主要な一人で、私たちを庇護し一万五千の兵をもつ佐久間殿《サカマドノ》、そして今、この山城《ジャマシソ》と津の国［摂津］の守護代《シュグダイ》であり公方様《クブサマ》から大いに認められており、それゆえにすべての人びとから尊敬され、信長から少なからぬ寵愛を受けている和田伊賀守殿《ウァタインガノカミドノ》を訪問した後、（彼らから）都へ私を復帰させるという言葉をもらったのです。とくに和田殿については、キリシタンと異教徒が共通して言うところでは、大いなる愛情と心根をもってデウスの教えと司祭たちに援助と保護を与えること、このようなことを完全に自らのこととして引き受けるような人は、日本では彼の他に誰もいない、ということです。また尊師におかれては、私がここで表現できるものより、実際には遥かに大きなものが（他に）あるということを信じていただきたいのです。

　三月二十六日の土曜日、受胎告知の祝祭の後、高山殿《タクシャマドノ》が何某かの彼の歩兵と騎兵、そして修道院《カサ》の人びとのための馬を送ってきて、都《メアコ》の和田殿が私を呼び寄せるよう使いを送ってきたので用意をすること、すでに和田殿に対して信長の許可があったこと、そこから八レグアの地で私を待っていることなど、私に言明したのです。ここで次に堺のキリシタンたちの告白を聴き、聖体の秘跡を執りおこないました。そのキリシタン全員は私とともにここを出ましたが、その地では了珪《ロケ》が私たちと同行した高山殿の兵に提供する食事を用意しておりました。［キリシタンの］彼らとは、何年もの間キリストにおける交流をしてきたので、私たちとの別れは涙を伴うもので、彼らは嘆き悲しむ様子でした。

　その日の午後、私たちは八か九レグアの距離にある一向宗《イエオシュス》の富田寺内《トンダジナイ》というところに到着しました。寺内の中では短時日で死にいたる風気《フキ》という疫病の徴によって、千人もの命を奪われた感染者が出たので、私たちは外の旅籠屋に宿をとりました。堺から五レグアにあるアルフジまでここから荷を運ぶため、池田丹後殿《イケンダタンガンドノ》が人足十人を送ってきました。

翌日、天神馬場《テンジノババ》という修道院から一レグアのところで、私たちを待ちうけていた多くの人びとと高山殿、そしてそこから荷を都まで運ぶために派遣された人夫《ニムブス》と一緒になりました。そこで天候が悪くなってきたので、彼は、その日私たちが雨に濡れて都に到着しなければならないことを慮り、そこから一、二レグアにあって彼が城主をしている芥川《アグンタガナ》の城まで私たちを連れて行き、寒さを防ぐための火を一晩中盛大に焚いて歓待してくれました。城の異教徒の兵たちが集まったところで、彼は修道院の誰一人としてできないような情熱と魂をこめて、まずデウスについて長い時間彼らに語ったのでした。

堺を発ったその日、時を置かずして、修道院の一人の若者が手紙を携え、都のキリシタンの元へ出発しました。彼らとともに私たちがラザロの日曜日である翌日に到着するであろうということを知らせ、教会に空きができるまで、どこかに私たちを収容するような場所を探しておくように依頼したのです。その当日、役にある者たちは、すぐに他のキリシタンとともに出発し、三レグアの距離にある山崎《ジャマザキ》というところで、彼らの習慣のようになっている軽い食事を用意して私たちを待っていましたが、（上述のとおり）その日は雨が強くて私たちと会うことができず、都へ帰ってしまいました。

翌月曜日、彼らは新たに別の軽食を携え、二レグアのところにある桂川《カツゥラガワ》なる場所で私たちを待っていました。確かなことは、キリシタンたちの満足と歓喜の涙を見ることで、主から私がいただいた慰めが、追放の永い年月の流れと、都から私たちが排除されて彼らと離れていたときに私が抱いた悲しみと悲哀による苦しみを和らげたということであります。若者たちは先に来て私を待っており、少し後に老人たちも少なからぬ歓喜をもってやって来て「デウスはすでに私たちの希望を叶えられ、これよりは寿命を縮めることなく、この告白をしたからには心の中はデウスに導かれているのです」と私に言いました。

町へ入る前、その途中ほぼ一レグアにある阿弥陀《アミダ》の寺において、彼らは、城から私たちとともに来た兵士全員に供する食糧をたくさん用意しておりました。私たちは皆、行路の難渋の中で与えられた好意に対して、高山殿に順々に感謝を表しました。彼は、デウスの御業が私たちの帰還を実現させるという恵みを大変喜んでいました。

前述のとおり、ラザロの週の金曜日、私たちはアヴェ・マリアの時刻前に都に着き、アントニオという、この町の有力な一人のキリシタンの家に宿泊しました。彼は生来善良な人間、善良なキリシタンで、私たちをその座敷《ジャシェキ》に泊めました。尊師もご承知ですが、日本人は座敷をまるで我が娘であるかのように大切に思っていて、地上の慰安と娯楽のために清潔を保っているのです。彼は、「司祭と同行の方を家にお泊めすることは、たとえそれですべてが損なわれるようなことがあったとしても、私にとっては大きな喜びであり、私たちの主デウスがもたらされた明らかな恩恵なのです」

と言いました。その後の夜、また翌日になると、出かけることができなかったキリシタンとその妻たちがここへやってきました。希望が果たされたと彼らが述べたこと、そしてその流した涙のことを尊師は理解されることでしょう。

その後日の金曜日、和田殿は私たちの到着を知り、人を遣わして、折のよいときに私たちを呼びよせ、尾張の国主信長との会見のために連れて行く準備を整えている旨、伝えてきました。信長は和田殿に、私が堺から来ているかどうか質していたのです。ここでほどなくして、結城山城殿《イアキヤマシロドノ》、池田丹後殿《カンゴドノ》、高山［殿］、そして公方様や三好殿《マシオドノ》配下の他の武将たちも私たちを訪ねてきました。彼らは皆、私たちの都への突然の帰還は、奇跡的なことだと思っていました。というのも、多くの妨害行為があり、皇帝のような内裏《ダイリ》の以前に、まず公家《クンゲ》や坊主《ボンソ》が、そして最後にはすべての異教徒が私たちに反対してきたからです。私の意図するところは、ただこのことに関して尊師に申し上げることのみです。すなわち、この手紙において（話が）またはなはだ長くなることとはいえ、それが私たちの主が尊師をこの地に速やかに導かれる早道であると思い、尊師の不快と悲哀の気持ちを軽減することでもあろうし、尊師の意志に沿った事柄に利すると思うからであります。

またこのことに関して話を続ける前に、手紙に記すことができないほどに特異なことで、余談になってしまうのですが、より多くのことを伝える手段として、書いておきたいと思います。尾張の国主である上総《カスサノ》［介］、別名信長のことについて語りましょう。私は前に堺から長い手紙を出しましたが、それは彼に会い、彼に関する他の独特な事柄を知る以前のものでした。

　この尾張国主は三十七歳であったと思います。背が高く、痩せた男で、ヒゲは少し、抑揚をつけた尊大な言い方をします。きわめて好戦的で軍事訓練に励んでおり、正義と慈悲を実行したいと考え、名誉を望んでおります。決定したことは厳しく秘し、戦いにおいては巧妙であります。家臣の意見に束縛されることはわずか、あるいはほとんどなく、すべての者から奪い、崇拝されることを大きな喜びとしています。酒《ビノ》は飲まず、またほとんど誰にも杯《サカオトゥキ》を与えず、（人の）取り扱いは苛酷、日本のすべての国主や王子を軽蔑しており、彼らには目下の下僕に対するかのように肩の上から話します。何より専制君主のようにすべての者を服従させています。優れた理解力と明敏な賢明さをもち、神《カミス》及び仏《ホトケス》、あらゆる異教徒的予言を蔑んでいます。名目上は法華宗《ホケシヨ》ですが、宇宙の創造者などはおらず、霊魂の不滅もなく、死後に何物もないのだと明言しています。清廉にして、その事業の巧みさ、そつのなさは、抜かりがありません。人と話すのに、手間取ったり長い前口上を述べたりすることを嫌います。どんな王侯《プリンシペ》も刀を帯びて彼の前へ出ることはありません。常に二千人かそれ以上の騎兵を引き連れていますが、より身分の低い下僕も彼とは親しく話をすることができるのです。彼の父［信秀］は尾張の国主に過ぎませんでしたが、彼［信長］はきわめて巧みに、四年で十七か十八カ国をその権力下に置き、この五畿内たる八つの主要地と隣接する地方を短期間に征服したのです。また別信に記しましたように、殺害された公方様［足利義輝］の弟［義昭］が彼に援助を求めてきましたので、彼の配下の十万人を都の町へ連れて来、町の内外の寺に公方（様）とすべての人びとを宿泊させました。すでに元の公方様の宮殿の中には二つの大きな寺が建てられていましたが、彼［信長］は公方様が殺害されたここで、坊主であったこの弟に旧来の名望を返還することを決定しました。それは他に嗣子がいなかったためです。彼はここに城《フォルタレサ》を築きましたが、それはそれまで日本で決して見ることのないようなものでした。

まず彼は二つの寺を速やかに破却することを命じ、長大かつ方形にめぐる通りからなる土地を接収しました。その事業に出仕するため、日本の国主たちと貴人たちのすべてがやって来ましたが、その貴人たちに伴って、通常二万五千人、少ないときで一万五千人が従事しているのでした。その最高徴発者［信長］は、手に刀を携えあるいは時に肩にかついで、その他のときは杖をもって、彼が考えた指示を与えていました。すなわち彼は、日本でかつて見たことのなかったような石造りにより、この事業をなすことを決定しました。そのための石が不足していましたので、彼は多くの石の偶像を破棄し、頸に縄をかけて引きずり、その事業のために運んでくるよう命じました。この都の人びとは、それらの偶像に大きな尊崇の気持ちを抱いていましたから、そのことは彼らに異様な怖れと驚きを与えたのです。そこで、武将の一人は、各僧院から毎日、ある数量の石を配下の者と運びこみました。すべての者は彼［信長］に大いに気に入られ、その意思に少しでも相違することのないよう望んでいましたので、石の祭壇を打ち壊し、仏を地面に突き落して粉砕したうえ、荷車に載せて運んできました。別の者は堀を掘り、また他の者は土を運び、その他は山で材木を切り出しました。それはエルサレムの神殿建築の再現、あるいはカルタゴのディドの工事の情景のように思われました。

外側には水を満たした大きな堀がつくられましたが、そこにはさまざまな姿をした多くの鳥が入れられ、はね橋が架けられました。城壁の高さは、部分的に身の丈の六倍から七倍、幅は、それを必要とする建築や場所の部分によって、七から八尋ありました。石でもって防御する大きな門を三カ所設け、その内側に、より幅の狭い別の堀［内堀］と日本で目にするものではより魅力的な、［馬などが］行き来するための空間をつくりました。内部の巧みな調和と清潔さは、これ以上を表現するすべを私は知りません。彼は、人びとを呼び寄せ、また送り出すために城内に置かれた鐘一基を除いて、町内外の寺のすべての鐘を、工事が続く間は鳴らさないよう命じました。その鐘が撞かれると、主だった貴人は皆、速やかに配下の者とともに手に鍬や鋤をもって工事に向かうのでした。信長はいつも腰を下ろすために虎皮を巻きつけ、硬く粗末な粗布をまとっていました。人は皆、彼に倣って同様の皮を身に着けており、彼の前では、仕事が続いている間は礼装しようと考える者はいませんでした。男も女も、工事を見ようと望む者は皆、彼の前を通りました。ある時、工事に従事していた一人の兵士が、ある婦人の顔を見ようと、その被り物を少し上げたのを国主が目撃し、即座にその場で手ずからその頸を刎ねてしまいました。感嘆に値するのは、この工事が信じられないほど短期間に完成したことで、少なくとも四、五年はかかろうかと思われるのを、石工事に関しては七十日間ですべて完了したのです。

　これからもう一つ、尊師に申し上げることがございます。この世においても、邪悪なるものに対する正義の実行として、この悪に神罰が下されるということを尊師にお知らせするのは至高の神の御意志でありますゆえ、私たちの主デウスを心から賛美するものであります。日本の諸地方すべてにおいて、最も傲慢不遜にして退廃的なのは、法華宗であります。すなわち、その坊主たちは福音の教えの最大の敵であり、これに論難を加える者たちです。またこれら六条《ロチオ》［本圀寺］と称するある寺の者たちは、富と堕落において強力であり、不道徳と恐るべき悪徳において自由であります。こちらの方では知られたことですが、この寺の者たちは、弾正殿《ダジャドノ》［松永弾正］が公方様を殺害したとき、千五百ドゥカドを提供しました。彼がガスパル・ヴィレラ師と私の殺害も命じたかったというのは、多くの証人がいることですが、私たちが許可状を所持しているため、せめて都の外へ追放を、（と願ったのであります）。坊主は皆、寺の外へ出て哄笑し、私たちの辛苦を喜んだのです。彼らはすぐに、より自由にその醜行を重ね、世俗の富を増そうとして、寺に隣接して相当なる自由都市《ビラ》、寺《ジ》内《ナイ》をつくりました。

　キリシタンの敵であるがゆえに、私たちの主デウスが霜台《ソウタイ》に与えた第一の罰は、ほぼ二年半の間、彼にタガをはめて閉じ込めたことです。第二は公方様の許しを得、尾張国主の恩恵に与るため、十万ドゥカド以上の高価な彼の道具を差し出したことです。そして第三は、彼の虚栄と世俗の権力の十の中、八を喪失したことで、もはや誰も彼のことを重要視していないのです。

この六条の坊主たちは、公方様がもっていた権威をその弟に返還したいと国主が考えていることを知って、早々に先手を打ち、その大軍が都に入ってきたときに寺に何か厄介なことが起きないよう、また宿執《と》りすることのないよう、公方様と上総殿《カフサンドノ》の免許状を引き出すために越前《ジキレン》と尾張の国主の許に赴きました。彼らはそれに差し出すための贈答品に一万ドゥカドを費やしました。彼らは歓喜と光明を抱いて寺に帰ったのですが、公方様［義昭］は、その母が公方様［義輝］とともに殺害されたとき、この坊主たちが弾正殿の引き立てで母の住まいを破壊し奪い去った、と知ったらしいのです。公方様が都へ来るときの習慣どおり、すぐさま兵とともにその寺を宿にしてしまいました。彼らは、これ以上大きな圧迫を加えようとされないよう、公方様に懇願しました。（しかし）彼はそれを嘲笑ったのです。［三好］三人衆《カニシュ》が公方様の居る寺を包囲するに至ったとき、この寺において彼らが最初におこなったことは、完成した新しい寺内を、ただ一軒の家すら残さず焼き払うことでした。それでもまだ、これは坊主たちにまで及ぶことではなかったので、彼らの苦労と不安は、これで終わるものと思われていました。

ところが信長は、次のようなことまで決定してしまいました。公方様の宮殿の石工事はすでに完成していたのですが、新たに木工事をおこなおうとすれば大幅な遅れは避けられず、公方様が速やかに城に移ることができないので、これにそれ以上の訴えや反論を許さず、この寺の豪華な座敷《サセキス》と部屋をすぐに解体し、屏風《ベオボス》や美しい絵巻《レタブロ》もすべてそのままあったとおりに、公方様のため城に再び設置することとです。坊主たちは、信長に対して彼らと話をしてもらえるよう、弾正殿の許へ赴きました。（しかし）彼は、国主が一旦決定したことは変更不能であるから、あえてそういうことはしない、と彼らに返答しました。その町の約千五百人の法華宗徒が集まり、「殿下が望まれるだけの金か銀を代償といたしますので、日本全国にその名を知られたこの寺に対して、大きな屈辱を与えられることは断念していただきたい」と、信長に懇願しました。彼らは内裏や公方様のところへも行ったのですが、結局何の益もなく、（寺は）倒され破壊されて、坊主たちは地に伏すことになったのです。私たちが滞在するこの家には、それらの座敷にあった多くの高価な道具が、収納のためもたらされました。といいますのも、ここのキリシタンが公方様の家臣であったからです。したがって、このことは、傲慢で悪魔のような寺についての幸福な出来事でありました。願わくは、私たちの主が、彼らの霊魂により大いなる繁栄を留めんことを。

話を前に戻して司祭に申し上げますが、私たちの心からの敵、霜台は、私が信長を訪ねるよう和田殿が私を呼び寄せるために使いを出し、私が都に到着したことを知ると、先手を打って、「彼［フロイス］が居るところすべてで騒乱が起き、破壊されるのであるから、速やかに元のとおり追放していただきたい」と、彼［信長］に懇願しました。信長は嘲笑うように彼に言いました。「甚だ狭い了見ではないか。なぜなら、都のようなきわめて大きな町や地域において、唯一人の男が国を擾乱する原因になり得るなどと、お前が考えているからだ」と。（信長の）表情が歪んで見えたので、（その恐ろしさに）誰一人として口答えしようとせず、目を上げる者もいません。私はここから、ロレンソ、メルショール、アントニオ、そしてコスメや主だったキリシタンとともに城に赴きました。彼は（部屋の）中に引きこもって音楽を聴いていたので、佐久間《サズマ》（殿）と和田殿が、私が持参したものを彼の元へ届けました。それらは、尊師が三年前、豊後から私へ送ってくださったビロードの帽子、鏡、（インドの）藤のステッキ、孔雀の尾で、大君主にとっては甚だ価格の低いものでした。彼は帽子のみを取り、「他のものは要らないが、司祭の来訪はうれしく、体が空いている別の折に会うであろう」と言った（ということです）。佐久間殿は、果物の砂糖煮の他食べ物を入れた箱を中からもってきて、そのうちどれを私に与えるかを和田殿と決めました。その後信長は、私［フロイス］と会わずにいのこもった態度を示しながら私に別れを告げました。二人は私と外へ出、大きな愛情たのは、他面、何千レグアもの遠くから教えを説くために日本にやってきた異国人に対して、おこなうべき応対の仕方をまったく知らないためであり、また自分独りで会えば、［信長に］洗礼を施そうと誰かが思うかもしれないからである、と和田殿と佐久間殿に告げた（とのことです）。

早くも悪魔は、私たちが安心することのないよう、その仕事の遂行を開始しました。異教徒の中のある者は、私が堺から追放されたのだと言い、またそれゆえ都へやってきたのだ、とも言いました。他の者は、私が信長に会おうとしたとき、彼（信長）は私（たち）の捕縛を命じたが、私を元へ戻し、私のみに、少なくとも二クエント［二百万］の黄金を要する奈良《ナラ》の大仏《ダイブツ》再建を強制した、と言いました。

この夜、ここで二つの闘いがありました。一つ目は、内裏が、私が都へ戻ったことを知って、直ちに公方様に対して私と会わないよう、また遅滞なく私を（都の）外へ再追放せよと信長に申し述べるよう、その命令を伝えたことです。二つ目はこういうことです。信長に気に入られていた三河《ミサナ》の国主［家康］が私たちの教会を宿所としていたのですが、三千人の兵を連れていて、私たちが到着したという知らせが届くと、他の武将［水野下野守信元か］と取り計らい、偽って公方様に教会を頂戴したいと懇願するため、また修道院の戸、畳《タタミス》やキリシタンの家々に置いてあった宝物を奪い、すべてをその武将に与えるため、都の聴訴官《オイドール》のごとき開闔《カイクォ》がそれらの記録書を作成したのです。

ラザロの金曜日早朝になりますと、ここでキリシタンに対してミサをおこなうために祭壇を整えていたところ、突然使者があり、私と関わりのあるキリシタンの家を取り壊せ、との内裏の命が下される前に、すぐさま退去するようにと伝えられたのです。私は、すぐに便覧書《ブレビアリオ》と聖務日課書《ディブルナル》のみを携え、（ここを出ました）。メルショールは身の回りの品の番のために残し、彼［ロレンソ］には、速やかに和田殿、佐久間殿、高山殿の屋敷へ行って、この私たちの予期せぬ惑乱とキリシタンの心痛を報告するよう命じました。彼ら［キリシタンたち］は、（ここから）四街区の非常に狭く暗い場所にあるキリシタンの家に私を連れて行って匿ってくれましたが、私はそこで、その日の一日中、私たちの主におすがりし、彼らのことを想起されるようお願いしました。その町は一レグアもの長さがありましたので、ロレンソの帰りは遅かったのですが、彼は諸侯の返答をもたらしました。彼ら［諸侯］は、この騒ぎはまったく無用のものであり、デウスの敵である坊主らが捏造したものと思われるので、司祭は本来の住居である修道院へ即刻戻ること、すなわち、自分らは司祭のことを心配しているのであり、それを何ら面倒とは思わない、司祭に反するようなことは都では起こらないのだから、キリシタンは苦痛に思うことはなく、皆に悲しみが生じることのないように支援するのである、と言いました。

それで私たちは大変喜んで戻り、祭壇を整え直しました。ラザロの週の初めから復活祭まで、キリシタンたちはここで通常一日二回の説教を授かりました。一回目は朝、次は夜で、告白と聖体の秘跡という題目です。ラモスの日曜日、私はミサを催し、昼夜彼らの告白を聴くことを始めました。セーナの木曜日、私は彼らの多くに聖体を授けましたが、それは涙、嗚咽、祈りとともにありました。このような光景は、日本において、明らかに私の記憶にないものです。祭礼用の装飾の一部は高山《タカイマ》にあり、他のものは堺や大坂《ウォサカ》にあって、厳かな道具がありませんでした。それで私は聖体を納めませんでしたが、洗足式《マンダート》についての説教と夜には主の受難についての説教、及び戒律に基づく苦行がおこなわれました。聖土曜日、私たちは可能な限りの厳かさをもって歓待したのですが、多数のキリシタンが多くの地方から――ある者は十四〜十五レグア、また他の者たちは二十四〜二十六レグアの道のりを越えてここに集まりました。それがデウスを心から賛美するためであり、彼らの信仰と崇敬を表すということは明らかなことです。聖土曜日の聖水はすぐに全員の家に配られました。病にあるとき少し飲めば、彼らがもつ信仰心とその報いにより、彼らの多くはその病から回復するのです。聖復活祭の祝典も催されました。外観を整えることができなかったので、荘厳さということでは小さなものではありましたが、私たちは可能な限りのことをおこない、その場の品位はより高まったのです。そのときは在京の武将たちも皆やって来て、ここで食事をし、彼らの習慣である音楽、狂言《キオケム》、舞《マイ》、肴《サカナス》その他同様な祝祭で用いられるものが供されました。何人かには洗礼を授けました。こうして彼らは、皆私たちの主の下で慰めを得、帰路についたのでした。

復活祭から数えて最初の八日目、信長の指示と和田殿の好意に基づいて、公方様を訪ねるため、主だったキリシタンとともに六条《ロキオ》の寺へ向かいました。私は彼の許にガラスのコップ（取っ手が一つ壊れていましたが）と絹一反を持参しました。彼は病のため私に会いませんでしたが、そのかわり母親の役割をもつ婦人［乳母］に命じて私に会わせました。彼女は屋敷のすべてを取り仕切っていました。私に対し、次にロレンソ、アントニオ、メルショールに対して、必要なことは何でもしましょう、と申し出がありました。それで私は、宮中で味方してもらうため、その場で何人かの主だった貴人を宮殿に訪ね、それから帰りました。

和田殿は、公方様が私と会わず、また信長も同様であったことを知ると、このことによりキリシタンたちが抱くであろう悲しみを想い、これは名誉の問題であると考えて私の味方となるべく努力しようと心に決めたのです。彼〔信長〕に私のことを話し、私を引見するよう説得するきっかけを毎日探っておりました。信長は彼を気に入っていましたので、「司祭に会おう」と彼に言ったのです。それから和田殿は、二十か三十頭の騎馬で修道院に私を訪ね、一緒に信長の許へ赴くので準備をするように言いました。彼は徒歩で帰り、私はそこまで駕籠に乗って行きました。佐久間殿も、ともに国主の前に進み出るため合流しました。

国主は工事を進行中で、堀の橋の上に立って待っていました。私は六、七千人の者たちの前で、遠くから彼に挨拶しました。彼はすぐに私を呼び、橋の上で座ると、愛情深く私の頭を陽光から守らせました。そこにはほぼ一時間半から二時間、留まったのです。

すぐに彼は私に質問しました。「歳はいくつか」「ポルトガルから、またインドから日本へ来たのはどれ位前か」「どれ位の時間学習するのか」「ポルトガルでの（再）会を待ち望む近親者がいるのかどうか」「キリスト教世界からは毎年手紙が送られてくるのか」「（ここまでの）距離は？」「日本に居住することを希望するかどうか」などと。これらの前置きがあったしばらく後で、彼は「もしデウスの教えをこの地で広めることができないとなれば、そのときはインドへ帰るのか否か」と私に質しました。私は「日本のキリシタンがもし唯一人であったとしても、ここ〔日本〕にいる司祭がその生涯をかけて守り抜くのです」と答えました。「都でイエズス会が修道院をもたぬのはなぜか」と訊ねられたので、ロレンソが答えました。「種子が芽を出すとき、多くのとげを含んでいたがゆえに、すぐさま圧殺されたのです。（同様に）貴人の誰かがキリシタンになると考えれば、坊主たちは司祭を追放するための手立てを探り、デウスの教えを明らかにしようとするのを抑圧せんとするのです。それは、キリシタンとなる意思を多くの人がもてば、その障害が広がってしまうと思えるからです」。この答えに対して国主は、坊主らの生活の醜さと悪習について長々と述べ、「彼らは銭金の獲得と肉体の享楽より他に望んでいないのだ」と言いました。彼のこの返事をきっかけに、一度は私が話し、二度目はよりよく理解できるように、ロレンソが言いました。「もう殿下《アルテッサ》はおわかりのはずですが、私たちは日本で名誉・富・名声その他何らの俗事も望まず、ただこの世の養育者、救世主の教えを伝え説教するばかりなのです。また殿下はいま、日本に

織田信長像（神戸市立博物館蔵）……本能寺の変後まもなく書かれたと考えられ、信長の容貌がよく表れていると思われる。

おける最高権力者でありますから、慰みに日本の各宗派で伝えられている教えとつき合わせるのも可能でありましょう。畏れ多くもお願い申し上げますが、比叡山《ヒエノヤマ》のより高名なる主だった学識者、紫《ムラサキ》（野）の禅宗《ジェンスース》の教授たち、そしてその他この地で坂東《バンドウ》の学問に通じた仏僧たちを集めるよう命じられ、殿下の前にて第三者を加えることなく、地上の養育者の教えをかの宗派と議論する恩恵を私にお与えいただきたいと存じます。もし私が敗れたそのときは、無用無益な人間として都の外へ追放する第二の理由となりましょうし、逆に仏僧たちが負けたときは、デウスの教えに耳を傾け、認める義務を負うということです。そうしない限り、常に陰謀と私たちへの反感が生じるのです。なぜなら、私たちの道理の明白さを証拠をもって彼らに示すことなく、彼らの宗派に反対し、反論することになるからであります」

彼［信長］は笑って、「大国からは強く大きな能力が生じざるを得ぬものだ」と、家臣に向かって言いました。そして私の方へ向き直ると、「日本の学識者が議論を受け入れたいと思うかどうかわからないが、そうだとしても、結果的におそらく同意するだろう」と述べました。私はまた都に自由に居住することを可能にする制札《セイサット》もしくは許可状という処置の指示をされる恩恵を与えられるよう彼に願いました。「それが、私が得られる大きな恵みであるからで、インドやキリスト教世界のような、殿下を知らない人びとに対してもその名声を高めるものであります」。これに彼はうれしそうな表情を見せました。

他にも多くのことが同時に起こりましたが、詳細まで手紙に書くことができません。この長い会話にはすべて多くの坊主が同席していて、きわめて注意深く耳を傾けていましたが、国主の居る場所には近づくことができず、離れたところでそのようにしていました。私は彼〔信長〕に対して、殺された兄〔足利義輝〕が以前もっていた権威を公方様〔義昭〕に高い位と名誉とともに返還するという、品位ある正義の事業を成し遂げられたことを賞賛しました。この件の全般に関して、前述のとおり、和田殿と佐久間殿は信長の面前で礼遇されるような高官でありましたので、私の後ろに居て時どき私を助け、（なすべき）用意をすべく気を配っていました。この後、国主は和田殿を呼び、公方様のために進めている城と宮殿の工事を、一緒に行って（私に）すべて見せるようにと言いました。近くの橋を渡る際には、ここで目にするように〔ここでの習慣のように〕上履きを履かずに行きましたら、彼は大声で二度、三度「この場合は履くものだ」と私に言いました。和田殿が歩きながら私にその工事を見せていたところ、別の貴人が走ってきて、ゆっくりと（回って）私に全部見せるように、との国主の言葉を和田殿に伝えました。その後、私は私を見送るために別のところに居た国主の許へ戻り、温かい言葉を交わして別れたのです。

この尾張国主への訪問の二日後、和田殿が多くの家臣とともに戻り、「公方様が司祭を引見する件について信長（様）と協議をしたが、公方様としては宮殿にて待つ所存と思われるので、速やかに準備をするように」と言いました。その際うまく事が運ぶように、私はある贈答の品を持参しました。公方様は杯《サカンツキ》を私に与え、和田殿は私の後でそれを受けました。尊師もご存じのとおり、公方様は日本の偶像であり、訪れた誰ともほとんど言葉を交わすことがありませんでしたが、(私には)別に贈り物への感謝の言葉を述べた後で、私を立たせ、座敷の入口まで私の後をついてきました。「公方様が喜ぶようなインドの品が何かあれば、私たち一同お役に立てることを喜びとするものです」と彼に伝えるために、和田殿には私たちの習慣となった挨拶をいたしました。彼［和田惟政］は私のところに人を遣わし、その件について考えを述べ、中国から船《ナオ》が来航したらその旨伝えようと言いました。この訪問は終わりましたが、これは私たちが都に定着する原点となることでしょう。すなわち、信長の御朱印《ゴシュム》と称する印判の許可状と公方様の許可状、とくに信長のそれは、より基本的で磐石の基礎をなすもので、それは和田殿にお世話いただきたいと、たってのお願いをしたものです。不可解なほどですが、この人［信長］がいかに崇拝されているかを尊師に知っていただくために(申し上げましょう)。堺の町は、四項目からなる彼の許可状を手に入れたいと欲し、ほぼ一万四千クルザードの仕置銭《ショキセン》を贈りました。また別の町大坂は一万五千以上でした。何か物をもっていこうとした寺は、十本、十五本、二十本と、金の延べ棒を二度三度贈り、諸城も同じことをしたので、彼の金銀の富は信じがたいほどのものになっています。武将、坊主、市民、彼と交渉事を抱える人びとは、インドやポルトガルから到来した衣装、品物など、信長が欲しいものが何か、想像するようになりました。彼に贈られたものがきわめて多いことは驚くほどで、これだけの収穫物がどこから来たか、不明なのであります。身に着けるためのヨーロッパの品ももたらされました。羽根と主のメダイがついたビロードの帽子の他に、タフタ織やビロードの反物、コードバンの革製品、時計、ワックス引きの本、中国産の毛皮、黒テンの服、美しいガラス器、最高級の緞子《ダマスコ》、その他私の記憶にないほど豊富な品々があり、これらの贈り物で、たくさんの櫃が何度も満たされました。それで、彼にとって新奇な物をもっていけるかどうか、わからないということは間違いありません。

彼の許可状が何日か延期されたので、都の高貴富裕なキリシタンたちが集まりました。私は何も言わずに、許可状の獲得を援けてもらうため、和田殿へ銀の延べ棒三本をもっていきました。それでもまだ信長にとっては些少なものでしたので、そのことをよく知る和田殿は、キリシタンたちを悲しませないため、「これは彼の家来に渡そう」と言いました。私たちが働きかけたわけではまったくありませんが、和田殿は自らの意志で、屋敷から大きな七本の銀の延べ棒を取り出し、三本と一緒にして十本とし、機会をうかがって持参、私の代理として信長に差し出したのです。（そして信長に）「司祭は貧しく外国人であるので、これ以上多くのものをお贈りすることができません。殿下に大変に些少なものを差し上げるのは無礼なことであり、司祭が持参することもできませんが、どうか貢献したいとの気持ちをお汲み取りいただきたいと存じます」と述べました。国主は笑って、「司祭からの銀や金は不要である。司祭は外国人であるから、許可状のために彼から利益を得ようなどとは信義に欠けることである。それより、余は気前よくそれを与えるので、汝［惟政］が司祭に示し、それで思いのとおりであれば、署名しよう」と言いました。和田殿はすぐにこれを処理し、日本の言語と文字で書かれた写しを送ってきました。尊師もご承知のことですが、日本の公方様や国主の許可状は甚だ簡潔な言葉で書かれております。これを私たちの言葉で語ってみましょう。

「余は司祭に対し、都に住まう許可を与える。その館は宿所として接収されることなく、また余がすべて免除するので、町《カリエ》の役と義務以外の何物もないであろう。余の領国内で居住を望む所あれば、何ら厄介事を被ることはなかろう。万が一道理なき何事かをなすことがあれば、厳正に裁きを下し、司祭を辱めた者に罰を与えるだろう」（許可状の）下方に、「教えの真理と称する庵《エルミタ》のキリスト教徒の司祭あて」とありました。

許可状の交渉にあたった和田殿は、高山殿にそれを渡して私へ送るように言い、また、速やかに公方様の許可状の入手にも努力し、（信長の）許可状について感謝の意を伝えるため、後日信長の屋敷へ連れて行くので私の準備を整えておくように、と言いました。翌日、謝意を表するために別のささやかな贈り物をもって彼［信長］を訪ねました。彼は工事現場にいて、いつもどおりの優しさでもって私を迎えてくれました。そしてまたその工事の様子を見せるよう和田殿に命じました。城の中を歩いていくうち和田殿は、建築物とその豪華さを称賛しながら私に言いました。今回あるいは別の機会においても、国主と話をするときにとるべき方法は何か、また「殿下が与えられた恩恵についてインドやポルトガルに知らしめるため、その許可状の写しを送られるべきです」と彼［信長」に進言することなど、私に教示してくれたのです。自らの手で私を導く和田殿に対して、「私は毎日与えられている恩恵に大きな恩義があり、これ以上感謝すべきことは考えられません。是非ともキリシタンとなられるよう願っております」と返しました。和田殿は微笑しながら、「心の内ではそのとおりなのだが、尾張国主が帰国されたら（説教を）聴く時間の余裕もできるだろう」と答えました。それから十、十一日後、彼は公方様の許可状についても交渉の末とり決めましたが、それは信長のそれと意味、文言において違いのないもので、彼はそれを私に送ってきました。二、三日後、彼はこの家を訪れてアントニオに、私を滞在させたことや、ともに行動すべく努めたことなどを感謝し、（千厘《リ》の？）金子を持ってきました。彼から「公方様や尾張国主と球技［蹴鞠］に行くので、司祭の気晴らしのためにも一緒に行こう」と言われましたが、私は行きませんでした。というのは、扁桃腺炎の熱と痛みに襲われたからで、いずれはまた応じたいと思っています。

四、五日経ち、和田殿が百五十人の家来を連れてここへやってきました。全員を外に残し、五、六人の公方様の武将を伴い、彼自身は息子一人のみと中へ入ってきました。キリシタンらは、彼に午後の間食を勧めました。そこで彼は、愛情溢れる言葉で、キリシタンらが必要とすることは実行する旨申し出ました。そして私に対しては、彼に同行して、信長が見たいと思うであろう小さな目覚まし時計をもっていくように、と述べました。

彼［信長］は、余人を交えず二、三名の武将と座敷《ザシキ》に居ました。彼は時計を見て驚きましたが、「これは余が望むものではあるが、当方の技術では合わせることが難しいので求めはしない」と言い、私を座敷の中に入らせると、彼の焼物の器で二度茶《チャ》を飲ませてくれました。このとき、美濃国から到来した大変大きな無花果がいくつか出されました。彼はその中の小箱を一つ私に与えるよう命じ、大箱の中のその他のものをそこで食しました。彼は二時間、私とロレンソにヨーロッパとインドのことを質問しました。和田殿は座敷から縁に出て、何かと私を助けてくれました。冗長にわたることなので、ここでとくに彼と過ごしたことのすべてはお話ししません。彼は私が帰路に着こうとする前、尾張国に向けて旅立つところであるが、出発の前に再び訪ねてくるように、また公方様を訪れるときと同じポルトガル風の衣服をまとうように、と言いました。

二日後ここで早朝のミサを終えてから、私はロレンソやその他のキリシタンとともに、和田殿を訪ねるために出かけました。彼がたびたびここを訪れ、私に恩恵を与えられたためです。彼は都の外にある妙蓮寺《メオレンシ》という寺の中の立派な屋敷に宿泊しています。彼はいつものとおり、大喜びで私たちを迎え、私が彼と食事をすることなく帰ることを望みませんでした。彼の前には多くの領主、処理事務やさまざまなところへ送る手紙をもった秘書官がいましたが、彼は私に、このような用務はいつものことなので気にしないように、と言いました。彼は私に同行した修道院の者たち全員を座敷に座らせ、食事をさせました。彼はロレンソに対して、信長や公方様の前に内裏（日本において絶対的かつ最高位であるが、従う者なく、名誉以上のものをもっていない。）に奉仕することがあるが、司祭への許可である宸旨《シンシ》を陛下《アルテサ》が余に下付されること以外、何らの褒美も報酬も望まない、と述べました。この言葉、また今までに彼が言った言葉から、デウスの私たちへの慈悲がどれほどのものであったか、尊師も推察されるでしょう。すなわち多くの敵がいるこの地で、多くの御業と愛の徴によって、一人の異教徒を私たちの助けとする手段とされたのです。

このとき何人かの武将がデウスの話を聴きにここへやって来ました。ほとんど全員が、語られた話に得心がいった表情でありましたが、信長の出発によって、聴き終えるだけの時間がありませんでした。（私が都に来る前）私たちの教会に三、四カ月ある武将が滞在していました。私たちはそれを取り戻す恩恵を与えられるよう佐久間殿《シクンドノ》にお願いしました。彼は私たちへの引き渡しを引き受け、彼に盛んに使いを出しました。和田殿もまた、信長とともに帰る前にそこを空けさせ、引き渡してくれました。それで早速私たちは信長と公方様の許可状の写しを入口にかけ、六年間持主が不在であったためにすべてが壊れていたので、元どおりに戻すことを決定しました。

申し上げたとおり、ここに至るまでの私たちの諸事の成功はきわめて大きなものであり、それとともにキリシタンの魂の満足と慰めは増大したのであります。（しかし）私たちの主デウスは、ある憂慮という方法によって、私たちの喜びに水を差されました。それでも私は結局、そしてどこまでも、すべては平安に至るのだと信じています。もし私の深い罪業が妨げとならないのなら。

私がこれから述べようとすることを尊師に明確に理解していただくため、一人の坊主がこの国にあることを知っていただきたいのです。その坊主は、キリシタンからは日本の反キリスト者、あるいは人の姿をした魔王ルシフェルと呼ばれ、また分別ある異教徒からは人びとをたぶらかす詐欺師といわれています。彼は素性下賤で身の丈低く、性質温和なところがほとんどない心神喪失者、日本のこの種の教理について（さえ）学識も理解する力ももちません。彼は悪魔《デモニオ》がその邪念を刷り込む道具として見出し得た最も狡猾狡智な人間の一人です。語ればきわめて自由奔放、日本における雄弁家デモステネスであります。何年も前のことではありません、彼には妻子がありましたが、貧しさのために離縁を申し渡すと、兵士となり、多くの侮辱と殺人の罪を犯しました。その罪責への恐怖により、僧服に着替えようと決心したのですが、その習性までは変えることがありませんでした。羊の皮を被って坊主となり、国から国へと渡り歩きました。尼子《アマンゴ》の国主を裏切って山口の国主《ジャマンキシ》の元へ走り、毛利殿《モリドノ》の寵愛を得ながら、日本の諸宗派を立て直す手立てとするために釈迦が示す天啓を受けたと称し、それは、日本の六十六カ国すべての真の王、あるいは皇帝たる内裏（誰も従う者はいませんが）にその旧来の名誉、権力、富を返還するためである、と語りました。これを広める方法として熱意という題目を掲げ、都のキリシタンが記憶しているところでは、八年から十年も前ここで一片の絹衣《ビサード》を購入し、他の国主のところに行き、その村々に対して、「これは内裏の衣装にして我が賜ったもの、聖なる遺物として人びとに分け与えるため、もたらされたものである」と言いました。彼ら銘々は、ただの一筋の糸のため、その可能な範囲で一ドゥカド、二ドゥカド、半ドゥカドと彼に寄進しました。彼は驚くべき額の金子を集めたことにより、山口に小院を営み、何人かの弟子も集めました。このとき、彼はこの他にも欺瞞と誤解に満ちた多くの方法を用いました。その悪意はどこにも落ち着くところを知らず、三人衆《セネンシュ》が弾正殿（反逆して公方様を殺害した）［松永久秀］を奈良の城に包囲したとき、弾正殿が裕福でしかも窮地にあることを知って、金をくれるかもしれないと思い、山口の毛利殿《モリドヤムクシ》に対して、直ちに兵を送る好意をいただくことと、この坊主・日乗上人の助言を受け入れることを記した同人［久秀］宛の手紙を持たせることを申し入れました。これはデウスの正義の御意志によることですが、三年前私が堺に到着して滞在したとき、三人衆《カニンス》のスパイのために、彼はその謀反を示す手紙により捕縛され、篠原殿《シノワラドノ》［篠原長房］は堺の寺において厳しく鞭打つよう命じました。山口から返書が着くまで彼は手紙の件を否定していましたが、解放してもらうかわりに七千クルザードの提供を申し出ました。（しかし）篠原殿は認めようとせず、それどころか、マラバールのポレアのような日本の下層の人びとであるヘタスへの引き渡しを命じました。彼らは死獣の皮を取り除いたり、津の国《ツノクネ》の西宮《ニシナミア》というところで死刑執行を仕事にしています。彼を引き渡されると、彼らは頸に鉄の鎖をかけて厳重な牢屋へ入れ、手足を拘束してしまったので、彼は体を回転させることもできませんでした。看守たちは彼に紙も墨も与えることを禁じられ、彼はほんのわずかずつしか食べられませんでした。ここで彼の前には法華経《ホケジョ》八巻がありました。私の記憶が正しければ、篠原殿への伝言をもたせてダミアンを越水の城《コシニンス》へ派遣したとき、彼［ダミアン］はそこで彼［日乗］が大きな偽善をなし、見せかけの威厳を示そうとしているのを目にしたのです。その後私がミイノハンダへとともに（そこに）赴いた際、滞在していた（町の）大路の門を通ったとき、私たちの中のアントニオが、彼が投げ込まれた厩で彼を目撃しました。さらに地獄の責め苦が増すようにと（人びとは）願っていたのですが、彼を赦すという内裏の策略によって、死刑を望む多くの異教徒の意に反して、彼は自由の身になったのです。

公方様へ都を返還するため信長がやって来てから、内裏はその貧困窮乏を除く好機が与えられたと考え、この坊主を諸事の仲介人としましたが、彼の人間的な知恵は、信長の恩顧を得る方法をうまく見つけたのです。それで彼は（信長の）傍を決して離れようとはしませんでした。このことで彼の悪魔的な自惚れと邪念はさらに増したのであります。

信長が領国の尾張へ帰る前日、私は別れを告げようと彼の許に赴きました。出発の前にもう一度会おうと言われていたからです。外の部屋は交渉事のために待っている人で一杯でしたが、すぐに和田殿が彼に、司祭がここに居ると言い、ほとんど夜になってしまったので中に入るよう指示しました。私は、尊師から送っていただいて、都合よくちょうど三日前に受け取ったばかりの蝋燭一束と中国製の赤い大きな印の入った紙一帖を持参しました。国主は、すぐに蝋燭に自分の手で火を灯すと、長い間手に持ち、いつもどおりの愛想のよさで、以前私が公方様を訪ねたときに着用した服装について質問しました。私は「殿下は忙しく、もう夜でもあるし、また旅立たれるところでもあるので、都へ戻られるよい折を待とうとも思いましたが、それでもここに持参しました」と答えました。彼は、目の前にもってきて着てみせるよう命じました。それは錦織の飾りがつき、オルムスの緞子でできた教会で用いるマントと、黒い箱帽でした。彼はそれを長い間眺め、その様子を称えました。多くの交渉事を抱え、待ちわびている人びとの邪魔にならないよう、私は辞去する許しを求めましたが、彼は私たちを強く引きとめ、「それは大したことではない」と言いました。

この坊主は名を日乗上人《ニキジョシュニ》といい、以前にも述べましたが、悪魔の手先にしてデウスの教えの一番の敵であります。私が信長を訪問した前日に彼はもう訪れていて、「バテレン［フロイス］が居るところすべて混乱と破壊が起きるのであるから、殿下があの男を都の外へ追放し、当諸国から放逐していただきたい」と大いに熱をこめて、また他にも多くの言辞を弄して懇願しました。信長は「お前の心の小ささには驚いてしまう」と笑いながら答え、「余は彼を追放すべきではない。それは、すでに彼には許可状を与えたのであり、また公方様のそれも同様だからだ。彼は都の国に居住ができるというだけでなく、彼が望む他の国においても、その意思のとおりにできるという許可である」と言いました。和田殿はこのことを知ると、ロレンソを遣って私にその知らせを届けさせました。翌日、国主に別れを告げようとした際、私は再度次のように述べました。「私たちの教義は彼らと異なるものですから、坊主のうちの誰かが不正なことを私に転嫁してくるかもしれません。私は、この地で独り、殿下の恩寵以外何物ももたないのでありますから、私を聴聞されないまま彼らを信用されることのないよう、また出発されるときには、（これからも）私を保護していっていただくため、その手から私を和田殿へ委ねられるよう、お願いしたいのです」と。彼は、坊主らが私に対して抱いている嫌悪の理由について質問しました。ロレンソが答えました。「彼らと司祭の間には、熱と冷、徳と不道徳という違いがあります」（再び）彼が問います。「汝らは神や仏は敬うか」私たちは、否、と答えます。それらはすべて、私たちのような人間であり、妻子をもち、生まれ死ぬ者、死から免れることもできず、ましてや人類を救うことなどできないからです。

このとき、日乗上人が国主の前で私と対面していたのですが、何も言葉を発しないので、私もロレンソも気がつきませんでした。国主の座敷も外の縁も入りきれない武将たちで溢れるほどでした。そのとき国主が、「日乗上人よ。この件について何か質して言うことがあろう」と言いました。その坊主は私たちを罠に陥れようとするかのように、無遠慮に質問を始めました。「貴公らは誰を崇拝しておられるか」と。私たちは「それは三位一体、天地の育成者であるデウスであります」と答えました。「貴公ら、それを見せなさい」「目に見えるものではありません」「釈迦《シャカ》や阿弥陀《アミダ》より以前のものか」「それは無限にして永遠の本質であり、過去における始まりなく、まして終焉するはずもありません」

坊主はしばらくの間ロレンソが展開した命題を聞いていましたが、腹に入らないところがあったので、国主に向かって「これは混乱と破壊であります。彼らは言葉を弄する詐欺師でありますから、殿下におかれては彼らを外部追放され、この国々に二度と帰らぬよう放逐を命じられたく存じます」と言いました。国主は笑って「心を鎮め問うてみよ。彼らは答えるであろう」と言いました。（しかし）彼は言うべき言葉が見つからず、（逆に）ロレンソが「誰が生命の作者かご存じですか」と質問しました。「知らない」と答えました。「知の源、すべての善の起源とは何ですか」「知らない」他の多くの質問に対しても、彼は知らないと言うばかりか、それを私たちに言えと言い、非常に腹を立てた様子でした。（ロレンソが）再度このことを広範囲にわたって申し立てると、彼は「禅宗の本分《ホンブム》と（キリシタンの）デウスとは総じて一体のものである」と述べました。私たちは明らかな根拠をもってその違いを一つ一つ示しました。彼は凄まじい怒りを込めて、国主に「彼らを外部追放するのが遅れ、都に留まったがゆえに先の公方様は殺されたのでありますが、今また彼［フロイス］は堺から逃れ舞い戻ってきたのであります」と言いました。（普段）国主は神仏崇拝に傾倒することなく、むしろ坊主に対して苛酷で厳しい顔色を示すのでありますが、そのため彼には概して褒め言葉を与えることが、ほとんどありませんでした。居合わせた人たちは、皆私たちの話をもっと聴きたいと思っておりましたが、この件について続いた議論は二時間にも及びました。

国主は、「そなたらが言うデウスは、善行には褒美を、悪事には罰を与えるものか」と質問しました。ロレンソが答えて「そのとおりでございます。さらにいえば、それには二通りの方法があり、一つはこの世の一時的なもの、もう一つが来世の永遠なるものであります」と申しました。坊主は「不滅の人間などという目に見えるものがあるというのか」と哄笑し、「それは即ち人間が死後に賞か罰を受けるべき何物かを残すということか」と応じました。ロレンソは病気で、二時間もの長い会話に疲れていたので、私が日乗に言いました。「皆が（私たちの言説に）感心するのは驚くようなことではありません。といいますのは、日本の（諸宗の）教えは「無」ということに立脚しており、四大元素に含まれるところの目に見えるものに対する日本の学者の知識と理解力は深まることができませんし、諸物の大部分について、新奇なものではなく、目に見えず不滅である霊魂を、いかに深く捉えるか、知りもしないのでありますが」と言いました。彼は私に、「霊魂が存在するのが神のこの世の恩寵というのであれば、それを直ちにここに見せてみよ」と返してきました。私は彼に言いました。「人間には物を見るのに二つの方法があります。一つは肉体の目で見ること、もう一つが心と理解の力で見ることです。霊魂は純粋な本質であって、四元素の混合物ではなく、肉体の目で見ることはできません。また、それを知る、いきなり直ちにわかるということは、容易なことではありません。（理解するのは巡礼によるのです。）」と。デウスのことを知らない異教徒の哲学者ではありますが、私は彼の能力に合わせ、彼らと同じ論議と実証の手順を踏んで論証しました。私は彼に、次のように言いました。「何かの黙想と理解を進めるために、意識の働きを休ませ、またその肉体が動きを止める限りにおいて、そのとき、肉体と霊魂が同一のものではあり得ないということを思念することで、霊魂は活性化するのです。肉体の（滅んだ）後にも続く不滅ということについても、望むのであれば、心によって理解することができます。第一に、合成物のすべては合成されたときの各部分に再分解してしまうのですが、霊魂は再分解しないゆえに合成物ではありません。第二に、もし肉体が病んだとき、理解の力もまた弱まり衰えるのであれば、肉体が分解した後にはその存在が永続することはない、という明らかな徴となりますが、そうではなく、（例えば）肺病を患っている人は、肉体が衰弱していても理解の力の何の変化もありません。また監獄につながれた人も、その頸木から解き放たれた後には完全な活力を以前にも増してもっているところを見れば、霊魂が死後にも存続することは、明らかでしょう」と。

これを聴いて坊主は顔色を変え、歯軋りをしながら、奇怪な怒りと狂乱を見せて立ち上がりました。「そなたら、霊魂が存在するというなら今ここで私に見せるべきであるが、それゆえ、そなたのこの弟子（ロレンソのことで、私の傍に居ました。）の首を、現実に生き続ける実体として見せてもらうため、切ってみなければなるまい」私は彼に、「すでに何度も申し上げましたが、肉体的な外見からは理解できないものです」と言いました。私がこう言うと、彼は広間の隅に置かれた国主の長刀《ナンギナタ》を取りに走るという信じられない行動をとりました。彼が鞘から抜いたとき、国主は急いで立ち上がり、背後から彼を抱え込みました。反対の側からは和田殿、佐久間殿、その他の武将の多くが立ち上がって援けに殺到し、その手から力ずくで長刀を取り上げました。満座は嘲笑でありました。国主は嘲笑って、「下がれ。余の前でそれをおこなうとは大いに無礼である」と彼に言いましたが、貴人・武将の全員が、同じことを、またさらに多くの別の言葉を投げかけました。とくに和田殿は、国主の前でなければ、即座に首を刎ねただろう、と彼に言いました。私の理解するところでは、国主は前日、宮殿建設工事のため四万五千ドゥカドをこの坊主に委ねていたので、内裏に不快の念を抱かせないため、彼のことを我慢していたのです。

一同静まったところで、私は国主に、「日乗上人の錯乱は彼自身が引き起こしたものです。なぜなら、私は、私の言葉によって彼の心を乱したいと望んだわけではなく、むしろ（彼が言うとおりに）真の教えを明らかにしようとしたのでありますから」と言いました。これを聞いて、彼（日乗）は怒って手で佐久間殿の方へ私を少し押しやりました。国主は渋面をつくり、これを咎めましたが、彼は私たちの主デウスとその福音の教えに対して冒涜する多くの言葉を吐き、都の外へ私を追放するよう国主への懇願をくり返しました。私に対しては、「そなたら釈迦を悪く言う者には必罰が下るものと知れ。悪しきこの今（でも）、（仏が）そなたらを我が弟子となせば、それは名誉と価値をもつものとなろう」と言いました。ロレンソは「すでにずっと前から申していますが、私たちは俗事を何も望みません。ただ私たちがあなたの弟子となるとすれば、私たちが傾聴したくなるあなたの教義が必要と思いますが」と返しました。これに彼の返事はなく、ただ、追放せよ、追放せよ、などと言うばかりでありました。夜も更けたので、私たちは国主に辞去の許しを求めました。彼は深い愛情に満ちた言葉で私を送り、いつか余裕のあるときに聴聞しようと言って、私たちを照らすもの

［提灯］に灯を点すよう命じました。佐久間殿と和田殿は、キリシタンたちが待っている戸外まで私とともに出、彼らの兵は、私を警護して修道院まで送ってくれました。

他日この坊主は、再び私の都からの追放を信長に懇請しました。国主はこれを叱責し、和田殿はそれ以上にきびしく（叱責しました。）信長が尾張へ向けて出発し、和田殿も六、七レグアの距離を同道しましたが、国主は彼に、都へ戻るように、また司祭に心配することは何もないと伝えるよう指示しました。間もない後日、五月十二日の木曜日、教会にある古い僧袍《カズラ》を繕うために数人のキリシタンと赴くと、いくつか壊れた品々を見出しました。午後二時、結城山城殿《イオキイヤマヒランドノ》（公家《ツンゲ》の息女と結婚し、内裏の宮内に居ます。）からロレンソ修道士あてに送られた手紙が届きましたが、それを普通の標準語の文章に戻すと、以下のとおりです。

「昨日、日乗上人が内裏に参内し、都からのみならず、諸国から司祭を追放・放逐する旨の綸旨《リンシ》と称する勅令もしくは許可状を引き出した。彼はその綸旨を携え、それを実行に移すため公方様を訪れる。この仏僧は、司祭に対して大なる悪事をなさんと努めており、事前にそなたらが気をつけておくよう知らせておく。話すべきこととは教会の整備に関することである。即刻工事を中止し、そなたらが望むことはあるとしても、神が与えた天命に従うべきである。この件に関しては、私はそなたらを助けることができず、少なからず残念に思う。和田殿には、そなたらへの援助を切に懇請した。我が屋敷は内裏の宮にほど近く、そなたらがここへ来るのは安全なことではない。もしそなたらのことで必要あれば、慰めのため私がそちらへ赴く。この旨司祭に伝えるように」

　ロレンソがその書状を持ってきて、私たちは主に祈りました。雨が降っている上に和田殿の屋敷は遠く、またロレンソは体調が思わしくなかったのですが、すぐに行ってその書状を見せるよう彼に頼みました。その言葉が（すべて）発せられないうちに、またロレンソを送り出す前に、メルショールが外から入ってきて、「二人のキリシタンが公方様の館の確かな人物から聞いたところでは、日乗上人は内裏が与えた配慮に基づいて、いきなり武装兵を司祭のところへ送り、司祭や仲間のみならず、司祭が居る修道院のキリシタンまでも殺害し、教会やその品々を奪おうと決定したというのです。司祭におかれては（事前に）ここを離れられますように、そのことをお知らせする、とのことでした」と言いました。ロレンソは和田殿へすべてを報告するため、この伝言と山城殿《ジャミシラドノ》の書状をもって出発しました。彼［惟政］は彼［ロレンソ］に、「それが事実かどうか、公家たちに確認の上、それをそなたらに知らせよう。余は今までどおり、すべてにおいて支援するので心配しないよう、司祭に伝えなさい」と言いました。彼は、公家たちにそれを明らかにするように言いましたが、彼らは隠しました。その日の午後、かの坊主は、内裏の側に居る公家の一人と公方様を訪ね、「都の外に追い出した、でぃおす（私たちはそう呼ばれています。）はここに戻ってきています。日本の教えに悉《ことごと》く反対する敵ゆえに、即刻追放を命じられたい」と言いました。公方様は和田殿に対して非常に好感を抱いており、また私を支援することが彼への恩恵となることを知っていたので、こんな風に答えました。「内裏に伝えよ。（在京を）容認するか外部追放するかは、陛下にではなく、余に関わることである。余は司祭に、都においてのみならず、彼が望むところ日本のどこの国においても、住むことができるという許可を与えた。ゆえに追放する理由は何もないし、余はそうしないと決した。同様に、司祭はこの件に関して自由であるとの信長の許可状も所持している」。少し後、和田殿が入ってきたところで、公方様は彼に「余は内裏からこの伝言を受け取り、このように返答しておいた」と述べましたので、和田殿は顔と頭を床にすり付けて感謝を表しました。

午前中、ロレンソは経過を知るため和田殿を再訪し、建設中の公方様の城で会いました。和田殿は、「公方様はすでに城内へ入っており、（司祭に）訪問の許可もいただいた。必要と思われるので公方様と信長（様）の許可状をもち、午後四時に行くとよい」と彼に告げました。同日、昼食後間もなく、日乗上人は内裏の近習の公家とともに（公方様を）訪れ、「信長様（の庇護）によってまだ追放がなされていないが、日本の教えにとってきわめて大きな敵であり、許可状が与えられたといえども、追放の命を求める伝馬を（信長様に）即刻走らせるように」との内裏の公方様あての伝言をもたらしました。公方様は、「信長へそのような伝言を送ることには理由がなく、その必要はない。もしそれを望み、追放を願うのであれば、そちらの側から送るのがよかろう」という先日の返答をくり返しました。以上により、この地で大きな権威・権力を持っているにもかかわらず、その望みの実行の上できわめて悪いことが重なったことで、この悪魔の道具の心中の嘆きと苦悶がどれほどのものになったか、尊師にはご想像いただきたく存じます。

私が城に到着したとき、内裏の近習と一緒に来た日乗上人はまだそこに居ました。和田殿は、その近習に対してきわめて厳しい言葉で語りました。「内裏にお伝えせよ。今日に至るまで余は陛下に大いに尽くし、公方様と信長（様）の件について交渉にあたってきた。その返報として、余が支援する司祭のことを私にお約束いただく綸旨を期待していたが、今その下付を命じられないばかりか、司祭の追放をお命じになるとは、余を侮ることであり、この世で大きな不正をなすことである。もしそのようなことを実行しようと考えられるのであれば、今後は余も陛下への奉仕とその近習の公家たちへの援助から手を引くであろう。公方様と信長（様）の好意の真意をお知りになりたければ、彼らが発したこの許可状を御覧いただきたい」と。すぐに彼は自分の前にそれをもって来させ、伝言を添えて送りました。

私は公方様へ持っていくものがなかったので、尊師から送っていただいた一束の蝋燭で済ませました。保管していた六（束）を持参したかったのですが、贈答用のものがなくなってしまうので、他の用のため留め置きました。そこに和田殿が入ってきて、公方様が私の来訪を喜んでいること、また私の件に関して内裏がおこなったことは、彼［公方様］が支援するので悲しむことはないということ、そして現時点では体調が優れないので私が訪ねるべきではないこと、などを公方様の言葉として伝えました。しかし和田殿は思慮深い私たちの真の友であったので、日乗上人の説得力のために私が彼〔公方様〕の恩顧を失ったと人びとが考えないためには、公方様と私が会うのがよいと考えました。彼は私に、「大至急修道院へ人を遣って、小型の目覚まし時計を持ってくるように。それというのも、その時計を観察するためには、彼の前で司祭が調整する必要があり、この機会に（館の）中へ入ることができよう」と言うのでした。時計が到着すると、和田殿はそのことを公方様へ伝え、間もなく私は彼と中に入ることができました。彼〔公方様〕はそれを見て大いに喜び、披露するため久我殿《クンガンドノ》や多くの武将たちを呼びにやらせました。そして私を自分の近くに寄らしめ、時計の特性について多くの質問をしました。久我殿は彼〔公方様〕に、「豊後で見た時計はもっと優れたものでして、人が手を出さなくとも昼夜時を告げておりました」と述べました。彼は驚き、それを見たいので取り寄せるように、と私に言いました。和田殿は彼に、「殿下におかれては、この時計をお使いになられては如何でしょう」と言いましたが、彼は、「余はこれより優れたものを見たことがないが、よく理解できないので、余にとっては無駄なものであろう。しかし、大切にしまっておきたい」と答え、ヨーロッパの人びとの発明の才と英知を何度も称えました。私は四分の三時間ほどの間、約七十名の貴人とともに公方様の前におりましたが、彼が城の工事を見に外へ出たので、それを機に私たちも帰りました。

五月十五日、日曜日のちょうど今、この修道院に一人の善良なる（キリシタンの）長老が走ってきて、口から魂を吐き出すかのように、次のことを伝えました。公方様や信長には策略が通じないことを悟ったこの悪魔の使いは、内裏からきわめて広い範囲にわたる許可状、つまり私を都から追放するだけでなく、堺と（その他）すべての町、五畿内《ゴクナイ》の他の場所においてその旨触れ回り、私を発見したその場で殺害し、さらにキリシタンの家・財産を記録して国家へ接収する旨の許可状を得たということです。この古参の老キリシタンは、そのとき直ちに和田殿に知らせるため、ロレンソとともに出発しました。その結果がどうなるのか私にはわかりません。至高のデウスに願わくは、我が功徳によるのではなく、私が不肖の僕となった至福のイエズス会により、その御名の下に、卑小な者のために幸福な死を、また我が身体に迫害の苦しみを与え、私をもって大いなる幸福を受けるに値せしめんことを。もしそれが実現すれば、（私は栄光から遥かに遠いのではありますが）この栄光は達成されるでしょう。伏して尊師並びにその他の至福のイエズス会の司祭の皆様に希いますのは、その聖なる献身と祈りにおいて、この罪深き者のことを想起していただきたい、ということです。

新しい事態が何も生じなければ、（話を）今までどおり続けましょう。私が堺を発ってから以後、和田殿から返答があったことですが、彼及び全キリシタンに死あるいは何らかの暴力という障害がなければ、ここから陸行四日の距離にある尾張国［実際は美濃、フロイス自身の誤り］へ私が行くべきであると思う、ということです。直ちに私がロレンソとともに出発すること、また何人かのキリシタンに同行を依頼すること、などが決定されました。心から尊師に申し上げますが、二十三年間

（イエズス）会の一員である私が、至高のデウスに対してほんの僅かな奉仕しかしていないことを悲しみます。その反面、これらの迫害と苦難が、主が無限の好意と慈悲の目を私に注がれていることだということがわかって、大きな喜びを感じるのです。

和田殿は、その屋敷から一人の武将と家中の多くの兵を、私たちの教会がある町《カリェ》へ伝言をもたせて派遣しました。その伝言とは、日乗上人が何かを吹聴するような下達をしてきても顧慮せず、たとえそれが内裏や公方様の側近から出たものだとしても、自分［惟政］に連絡をするように、またこれ［惟政の指示］に反するようなことをなせば、司祭は望む所に住むこと自由という公方様と信長の許可状を所持しているのだから、必ずや（余は汝らの）町を破壊するだろう、というものでした。彼はロレンソを通じて、私に「怒りと不安、そしてかの坊主の悪意が荒れ狂っており、（現時点では）司祭が尾張［実は美濃］へ赴くのはよいことではない。余は司祭に対して（庇護の）責任をもつので心配はない」と伝えてきました。町へもたらされたこの返答と伝言によって、キリシタンたちを覆っていた不安の大部分は軽くなったのです。

八日から十日の間、私たちの主の昇天祭もあって、私たちは小さな平安の中に過ごしました。キリシタンたちは再度告白をおこない、信仰心をもって聖礼を授けられました。その他の多くの人びとに対しても私は勤行し、昇天祭の儀礼を執りおこないました。ここ都の町に私が滞在した二カ月で、二十人が受洗できたでありましょう。他にも多くの人びとが続けて聴聞にやって来ましたが、これに反する騒ぎの中にあったがために、それ以上私には彼らに説教をするような時間がありませんでした。それに、ロレンソは毎日段々と痩せて衰弱していき、メルショールはこの数日、五畿内《ゴジナイ》（とくに津の国）で無数の人が感染した風気と称する疫病の一種に罹っていました。（しかし）私たちの主のおかげで回復に向かっております。八日前、その病の床にあったソファッソという名の都の主だったキリシタンの一人が、ここで亡くなりました。死に至るまで十一日間しかかかりませんでした。高山殿は同じ病で危険な状態になり、いったんは回復しましたが、その後再び倒れてしまいました。彼は今、この地方のキリシタン支援の主柱であり、ゆえに、私たちの主が慈悲により彼の命を永らえていただきますように。

受洗者の中に、尾張の国から洗礼だけのためにやって来た男が二人いました。彼らはコンスタンティノという親戚のキリシタンの説得に従った者たちで、善良なキリシタンとして生きること三年、教理書《ドチリナ》の徳を理解し、念珠《コンタツ》により祈りを奉げており、また他人にも受洗を勧めています。彼らがここに居た一週間、毎日二度、三度と説教を聴き、そのすべてを（心に）書き留めることをデウスから与えられる喜びとしました。

悪魔がその使いである日乗上人を用いて、私たちへの迫害を再開するのにさして時間はかからず、それも以前に倍する力を傾注したのです。そしてその悪意をより容易に実行するため、この一カ月内裏と信長へますます異様なまでにすり寄り、諸国それぞれにおいて、以下の件に関してきわめて重要な任務を付与する許可状を手に入れたのです。第一に公方様が決定しようとするきわめて重要な事柄においては、この坊主の考えと助言を用いること、第二に内裏の宮殿を再建し周囲に堀を掘る任務は彼のみが有し、信長はそのため彼に約十万クルザードを委ねること、第三に二〜三クエントの黄金を要する奈良の大仏の新しい大寺の再建を彼がおこなうこと、第四に諸国で流通する金［貨幣］は彼の審査を通じ、その決定と制限の下に置くこと、第五に境を接する国の間の戦は彼の考えと助言の下に和睦すること、その他同様な権限が含まれていました。

俗界の権力という翼を広げ、生来の傲慢不遜さを発揮し、私が前述したすべてのことが終わったその後で、彼は、私を当地諸国から外部追放するという内裏の綸旨《レンシ》を入手しました。デウスの教えや私に反対する意図で彼は内裏の近習と協議し、控訴抗弁を許さず、直ちに私の追放を命じることを強く説得する決定を信長へ送ったのです。それは、デウスの教えが諸国擾乱の原因であり、彼らの宗旨宗派を悪しく言う悪魔の教えであるとの考え方でありましたが、これは彼一流の虚偽が増幅され、またそれが明瞭に現れたものでした。信長は迎合して彼と取引し、内裏をこれ以上怒らせることを望まないという理由から、ピラトのように不正を知りながら、ただ一言二言のみで、私の追放に関してはすべて日本の君主である内裏に委ねる、と回答したのです。和田殿が本件のすべてを知るところとなったので、公家たちはこの取引に関する手紙を彼に送りました。（しかし）彼は受け取りを望まず、内裏が日乗上人に綸旨《リンシ》を与えたことに著しい不満の態度を表しました。このとき三日間、一方から、また他方から要求と回答が絶え間なく繰り返されましたが、その経過を語ろうとすれば長くなってしまいます。和田殿の最終的な伝言は、「日乗上人が司祭に対しておこなったことの張本人は、（汝ら公家たち）全員であると、余は判断する。もし内裏が司祭を日本から追放すると決定するというなら、中国であろうとインドであろうと、余が司祭を見捨てないだけでなく、都と津の国の守護《ビソレイ》たる地位を放棄し、司祭に同行するであろう」というものでした。

和田殿は三日前、いくつかの城の監察に出向きましたが、そのうちの一つ、ここから七レグアにある高槻《タカツキ》という城から、城に居た高山殿の勧めもあり、直ちに二通の手紙を送りました。一通は日乗上人宛に私への迫害を断念するよう求めたもの、また他の一通は公方様の三人の貴人に宛てて、彼の不在中私の庇護を願うものでした。

本日六月一日、日乗上人宛にその手紙が届けられ、彼は今夜その返書を送りましたが、尊師はその写しを貴地において目にされるかもしれません。その二枚からなる手紙には彼の傲慢さがよく表れているのですが、内裏が私の殺害を命じたのは（デウスの教えが）悪魔の教えであると考えたからであること、私との間を仲裁するようなことは、彼にとって著しい不名誉であること、五畿内のみならず信長の領国においても私の殺害が命じられたこと、デウスの教えのような忌まわしいものは都にその名も残さぬよう、教会を地に倒すことを直ちに決定すること、などのことを述べ立てました。また和田殿が二カ国の守護だとしても、全日本の王たる内裏や公方様、信長に反してまで物事を進めることはできない、とも述べています。この手紙を尊師は貴地で御覧になることでしょう。

今夜私は主だったキリシタン全員を呼んで、長い説教をし、自信をもって信仰の心を強めるよう勧めました。その後彼らと何をなすべきか協議をし、全員で次のように問題を整理しました。翌朝ごく早いうちに高槻《タカツキ》の城に居る高山殿のところに私が赴いて日乗上人の手紙を彼に見せること、そこから徒歩で一日半のところにある越水《コシミヅ》の城の和田殿へ手紙を書いていただくよう高山殿に求めること、また和田殿の手紙及び信長へのこの件の報告のため、私に同行すべき彼の家臣を誰か私に派遣していただくよう高山殿に依頼すること、などでありました。信長のところへは、日乗上人もまた向かっているのです。大変な危険が私に迫っており、それはキリシタンが大きな悲しみを涙ながらに表すものでしたが、すべては主の栄光のためにあり、私はその至高の御手の下に、また尊師や他のすべての司祭方の尊い献身と修道士たちの祈りの下にあるのです。

今、夜半を過ぎた二時です。さらに二時間後にここを発つことになると思われますので、急いでこの手紙を完結させますが、主が私に生命を与え続けるのであれば、私はどこに居ようと続きを書きましょう。尊師におかれては、デウスの愛により、直ちにコスメ・デ・トルレス師に当地で起きていることを知っていただくため、これをお伝えいただきたく存じます。私は、ロレンソとイエズス会に入会したコスメ・デ・ニニアというもう一人の日本人を連れていきます。メルショールはまだ具合が悪いのでここ都に残し、アントニオを彼の治療に付き添わせます。もとより私もまとわり続ける病によって衰弱し、わが身を支えることもできません。しかしただ、この五、六年告白もしていないことだけを悲しみ、主への奉仕の中に生を終えることは私の喜びであります。私は従順の美徳に身を託しており、苦難を恐れることもなければ、危険を拒むこともありません。ロレンソは私より病弱ですが、それが自分の欠けるところとなるだろう、としてその病を悲しんでいます。私たちの主、デウスが、その御手を私たちに差し出されんことを。アーメン。

都より。一五六九年六月一日　水曜日　夜半過ぎに。

全きクリストの僕　ルイス・フロイス

二　第二の手紙〜一五六九年七月十二日

　第二の手紙は、岐阜への旅を終え、京都に帰ってから書かれたものである。送り先は、第一の手紙と同じメルショール・デ・フィゲレード。つまり、岐阜行に至った経緯について語った相手に対して、今度はその結果を報告したもので、この二通は対になっているものといえる。フロイスが岐阜に信長を訪ねたのは、在京の許可が文書として下付されたにもかかわらず、反対に朝廷から追放の綸旨が出されるという事態になり、さらに信長がこの件をその朝廷に一任してしまったと伝えられたからである。フロイスとしては、ここはどうしても信長と直接会い、許可の再確認をしておかなければならなかったのである。従って、岐阜行の結果がどうだったか速やかに知らせることがこの手紙の目的なのだが、書き始めるとそれだけに終わらないところがフロイスらしい。この第二の手紙には、宮殿と表現された信長の館や濃尾平野を見渡す山上の城、彼ら一行が宿をとった町の様子などが生き生きと描かれていて、単なる報告書に止まっていない。フロイスの好奇心と書き留めることへの意欲が、イエズス会士としての本来の使命を超えて溢れ出したというところだろう。

なお、上の章でも触れたが、この旅の行き先は、第一の手紙では尾張になっていたのが、第二の手紙では美濃となっている。もちろん第二の手紙の方が正しい。信長＝尾張国主からの発想だろうが、出発まで誤認していたことにフロイス自身が気づき、帰京後に出した第二の手紙で訂正したと思われる。後に彼が著した『日本史』では、正しく美濃としている。それまで宣教師にとって美濃はまったくの無縁の地であって、彼らのうち、誰も行った者がなかった。それだけにフロイスには、岐阜での見聞が新鮮で興味深いものに思えたのだろう。

一五六九年七月十二日付　日本の都の町から豊後のメルショール・デ・フィゲレード師宛発信したルイス・フロイス師の手紙の写し

尊師へ

パス・デ・クリスト（キリストの平安）、神と主の恵みと永遠の愛が私たちの魂に無限に住まわれますようにこの都の町から美濃《ミノ》の国へ旅立つ前に、四、五枚からなる手紙［第一の手紙のこと］を尊師宛てに書き記しましたが、その手紙では堺《サカイ》を出てから尾張《ウォアリ》の国主と話をするため美濃へ向けて出発するその夜までに、相次いで起こったすべてについて、広い範囲にわたる話をご報告いたしました。尊師は、さらにその後の出来事をお知りになればお喜びになると存じますので、私が望むほどの多くのことを記すことはできませんし、またすべての事柄を事細かに書き込むこともできませんが、この手紙で申し上げます。

去る五月、和田殿《ウァタドノ》は、彼の幾つかの城を訪れるため都のこの地を発ちましたが、悪魔の手先で、神の教えや私に対する邪念からの狂気の中にあった日乗上人《ニキジョシウニ》にとって、そのことは好機にあたるものでした。そして私たちは、和田殿が都を離れているというこの機会を彼が待っていることがわかっていましたので、私たちに対する彼の欲望を避けるため、すぐにキリシタンたちの助言に基づいて、彼の地へロレンソを遣わしました。彼［和田惟政］はここから七レグアの高槻《カタツヒ》という城に居ましたが、すぐに二通の手紙を書きました。一通は、彼の親しい友人である公方様の三人の側近の武将、すなわち野村越中《ノムルシッツ》、海老名殿《オヒンバドノ》（?）、三郎五郎殿《サグロゴロドノ》［織田信広］に宛てて、彼の不在の間私を支援するように求めるものでした。これを私たちの言葉に翻訳すれば、次のとおりです。

「もし都で、司祭に関して何事か言う者があれば、（司祭は）公方様《クブサマ》と信長《ノブナンガ》（様）の許可状を所持しているのだから、余は彼への大いなる援助と庇護の下に扱うよう求める。また（これによって）

生ずる問題があるならば、余に言い伝えるよう求めるものである」

和田殿はもう一通、日乗上人宛ての手紙を出しましたが、それを写すと次のとおりです。

「司祭は、都に居住するための公方様と信長（様）の許可状を所持しているが、しかし貴公は彼を力によって追放するよう望んでいると聞く。もし公方様と信長（様）が彼を追放するというのであれば、余には言うべき言葉もなく、それに口を出す必要もない。しかし、余は公家《クンゲ》たちを通じて内裏《ダイリ》へその旨をお伝えしておいたが、その許可状には別段の問題はないとの回答であった。従って、他にいかなる者から事を起こされても、余は彼のことを問題にすることは決してない。もし司祭に関することで何か言うことがあれば、余が答えるであろうから、余に言えばよいことである」

この手紙で、日乗上人の怒りが燃え上がりました。それで、彼は和田殿に返書をしたためたのです。

「バテレンについて申し上げなければならない。内裏が強制的に彼を放逐されて五年経つが、貴殿は内裏に対して反論され、また内裏の意向に反して拙僧に言葉を返され、彼を都へ復帰させることを望まれた。これは確かなことであるが、天の下、地上の三カ所において、公方様が貴殿をこれら諸国の守護《ビソレイ》として以降に、内裏は公方様へ彼を抹殺するための許可状を送られているのであるから、これ以上の不当はない。

貴殿もよく御承知のとおり、原初より今日に至るまで、内裏の言葉［綸言］は汗のごときもの、ひとたび毛穴を出れば二度と元へは戻らない。貴殿がたびたび命令に逆らおうとされるとは、世界の創造から今日までの間のすべての過去においても、このようなことは聞いたことがなく、また未来においても聞かないと思う。

信長（様）は、この事実に関する公方様の御意志を聞かれ、また内裏の御意志・御判断に委ねられたのである。貴殿は全日本の王たる内裏、そして公方様や信長（様）に背こうとされ、単に言葉の上ではなく、明白な悪魔の教えに勤しんでおられると、すべての者の評判になっている。このような滑稽で拙僧には取るに足らないことを、貴殿が重視されているということに、まったく驚きを禁じえないのである。ずい分前に世を捨てたため、議論の一つ一つにさして深い知識をもたない拙僧でさえ断言することができる。

かくして、内裏とその助言者であるすべての公家は、（都の）どんな場所でもこのバテレンを見つけ次第抹殺し、その教会を破壊して地に倒すことを決定された。のみならず、五畿内のこの五カ国において、どこでも見つけたら抹殺すると決められたのは、信長（様）が支配するすべての領国で同様である。拙僧としては、この世に内裏が決定されたことに反論できる者はないと思っている。貴殿はこの山城《ジャマシロ》と津の国《ツノクミ》［摂津］の奉行である。きわめて不正なことを支持し、支援することを望んでおられるということは、（それを逆に言えば）貴殿はこの件に関して、信長（様）を怒らせないよう行動することに消極的だということになる。その信長（様）は、貴殿が不正をされることがあれば、そのすべてを報告するよう、拙僧や明智十兵衛《ケチジュウベオ》［光秀］に委ねているのである。貴殿はこれをまったく顧慮されず、かくも不合理な重大事を支援し推進することを望んでおられるが、それは拙僧には驚きである。

貴殿にお願いする。拙僧の述べること一つ一つを静かな心でよく考えられよ。そして貴殿の友人の一人に尋ねられよ。すなわちあえて言えば、日本で拙僧以上によく貴殿に忠告できる者はいない。拙僧の言葉は万病に効く良薬であると思う。そしてそれはすべてを叶える唯一の霊験あらたかな祈り、仏教儀式のごときものである。拙僧の言に嘘偽りはなく、もし貴殿がその言葉のすべてを知り、はっきりと理解できるのであれば、何度でも助言いたそう。信長（様）が拙僧の前で貴殿に言われたこと、すなわち拙僧を貴殿の師とすると言われたことをよく思い出されたい。信長（様）はただ単にこの恩寵を与えられただけでなく、当の諸国において、拙僧の助言と考えに帰依するよう求める許可状を私に与えられた。もし拙僧が貴殿に（それに）相応しいことを語るのを怠るならば、その許可状を破ることになるばかりか、拙僧の法衣と信心が説く慈悲と哀れみの教えを踏みにじることになるのである。

貴殿に対する止むに止まれぬ愛情に突き動かされて御忠告いたすが、それを不愉快と思われることはない。なぜなら、貴殿が、バテレンを援助するというまったく容認されないようなことをおこなわず、拙僧の助言を受け入れるならば、貴殿の名声は諸人の大いなる満足をもってあまねく広がることになるからである」

　この日乗上人の返書を見て、私はこの都の町の主だったキリシタンを呼び、夜から彼らに長い講話をしました。信仰を強く保ち希望をもつこと、いまの迫害は平静と安寧の始まりであり、救済者である私たちの主イエス・キリスト及びすべての殉教者や、祝福された者たちが歩んだ道であること、そして今や神のまなざしを享受していることを思い起こすよう説きました。そしてそれは神の栄光のためであり、精霊の利となるもので、その救いのために司祭たちは巡礼者として、何千レグアも離れた世界各地からここを訪れたのです。

　私は、慈悲を与えられるキリストの受難による功徳の中にあるという自信があるので、この世の一時の死に何ら悲しみの感情を持ち合わせておりません。私が彼らに求めたのは、祭壇の前のここで、喜びをもって祈り、なすべきことについて相談し、そのことを心の底から主に願うことでした。しかしこの身については彼らに委ねていましたので、私の身辺について決定されたことは、完全に実行するつもりでいました。なすべきことが差し迫っていましたので、最も適切なこととして挙げられたことについて、多くの話し合いをおこなった後、すべてに関係した協議が夜半過ぎまで続きました。それは、理性の中にありながら多くの涙を伴うものであったと思います。

　結局次のことが決定されました。すなわち、人間的な方法が（他に）なかったのですが、最も適切な方策として、夜半を過ぎた四時、直ちに私が近江の国へ向けて出発し、比叡の山《ヒエノヤマ》の大学の麓にある坂本《サカモト》という所でロレンソを待つことです。そのロレンソは、ここから十五ないし二十レグアの越水《コシミニ》の城にあった和田殿へ日乗上人の返書をもって行き、尾張の主である信長と話をする資格を私に与えられるよう何人かの貴人へ助けを願う手紙を求めることになっておりました。

その夜の残りの時間を費やして、私は旅の準備をし、祭壇を片づけ、大急ぎで尊師に宛て送るべき別の長い手紙を書き終えました。早朝、すでに何人かのキリシタンが私に別れを告げるために待っていましたが、彼らは甚だしく涙を流し、両手を挙げて、私が彼らのためにするこの新しい旅に成功を与えられるよう主に願いました。というのも、これは司祭も、ただ一人の修道士さえも行ったことのない無縁の国々への旅であり、そこには私を助けることができるキリシタンは、一人としていなかったからです。

用意が整っていなかったので、私はメルショールをアントニオの家に留め置きましたが、そのアントニオは、コスメとその家の別の若者とともに私に同行してくれました。この地で最も忠実にして真のキリシタンの一人である立佐《リエンサ》［小西立佐］は彼の息子を伴って、坂本まで私と同道しました。前に私が都を追放になっていたときも、彼は一緒にいて私を大いに助けてくれました。坂本に到着すると、彼が知っている家を私のために一軒工面し、私はロレンソを待ってここに入りました。立佐は私の相手をさせるため息子を一緒に残しました。彼が私たちに大きな愛情を注ぐことで、私たちがどれほどこのキリシタンに負うところが大きいか、これ以上に強調するすべを知りません。彼は貧しかったのですが、日本の習慣に従って、私たちが泊まる旅籠屋に与えるため、彼の家から、旅のための多くの品物やその他のものを私たちに贈ってくれました。

また、間もなくロレンソは和田殿が居るところへ向けて旅立ちました。和田殿はいつも私たちに対して見せる少なからぬ喜びと愛情をもってロレンソを迎えました。彼［和田殿］は、坊主日乗上人のきわめて卑しく傲慢な返書を見ると、ロレンソに微笑みかけて「この狡猾な者の首を切ってやりたいものだ」といい、床にその手紙を投げ出しました。さらに、「余は旅の経費を負担し、国主［信長］の元へ送り届けるべく司祭と同行できれば大きな喜びなのだが、余が赴くなら数カ月先になってしまう。司祭はすでに旅路にあって、またそなた［ロレンソ］は（司祭に）待ち望まれておろう」と言いました。

彼はすぐに手紙を二通したためました。一通は、彼の大親友で国主にきわめて近い側近の武将宛てに、信長に対して私を引き立てていただくよう、またもう一通は、国主が住む城のすぐ下にある岐阜の町の宿の主人宛てに、その家での私の滞在が良いものとなるよう、そして必要な金子は自分が負担するので、その（配慮）を与えるよう（求めた）ものでした。またこの時は、国主がその軍勢中に配置した四人の将軍の一人であり、国主に認められ、和田殿の親友でもある柴田殿《シウアタドノ》［柴田勝家］という人が美濃へ向かう途中にあったので、彼にも私をできる限り支援していただくよう求めました。

朝妻湊跡……現在は米原市。小さな公園に石碑が立っている。

坂本で五日間ロレンソを待ちましたが、ここで私はディエゴという名の当地に住むキリシタンを見出しました。彼はガスパル・ヴィレラ師が比叡山の主だった学者の一人を訪問したときの案内人でありました。このキリシタンは何度も私のところを訪れました。また私が彼の地［坂本］に居るとき、人びとは都から毎日手紙をくれましたし、何人かのキリシタンは私を訪問してくれました。

ロレンソは和田殿の手紙を携え、船出の準備のため、立佐とともに坂本にやって来ました。ルイスという都の既婚の男は、これからの道筋をよく知っており、私は「デウスの愛により美濃国まで同道をお願いしたい」と頼みました。彼はきわめて善良な心の持ち主でありました。

この近江の国には淡水の湖があり、長さは三十から四十レグア、幅はいくつかの部分で七か八レグアです。多くの船が航行していますが、漁をしたり、一方から他方へと商品を運んだりしているのです。私たちは夜半を過ぎた三時に坂本で乗船しましたが、向かい風でしたので、その翌日に坂本からわずか十三レグアばかりの朝妻《アサザマ》というところに着きました。翌日準備万端の上で陸路を歩いていくため、私たちは旅籠屋に投宿しました。

近江の国すなわちイエスス（？）の領域を出、美濃国に入りました。ここは大部分が平らな土地で、わずかに山があります。樹木が多く、舟で渡るような大きな河川が（いくつか）あります。途中、首のない多くの石像が投げ捨てられているのを発見しましたが、すべては信長が命じたためです。

私たちは一万人が住む岐阜《ギフ》の町《シウダ》に到着し、和田殿が送り込むべく（手配した）ある家に泊まりました。ここには多くの取引・商売があり、それは（まるで）バビロニアの混雑であります。というのは、塩や布、その他の商品を積んだ馬をたくさん連れた商人が、さまざまな国からここに集まっていたからです。それで、家の中でも商売や雑踏の（音の）せいで誰も声が聞こえません。夜も昼も絶えず、賭博をする者、買う者と売る者、荷造りする者と荷解きする者がいるためです。私たちは屋根裏部屋で雑居しておりました。家の中には他により静かな場所がなかったからです。私たちが携えてきた手紙の相手［宛先］の殿は尾張国へ赴いており、佐久間殿《サカマドノ》と柴田殿は都からまだ到着していませんでした。私には、国主に話ができるように支援してもらえるような知り合いが他にいなかったので、ここで二日間待たねばなりませんでした。

二日後、都から来たあの殿が着きました。次の日の朝、彼らが起床したときに話をするため、私は彼らの屋敷で待つことにしました。まず国主の軍隊の将軍である佐久間殿を訪ねました。彼は私を好意的に迎え、私が到着したことを即日申し上げよう、と言いました。その後ロレンソを同伴して、和田殿の友人であり、彼［和田惟政］が私の庇護を委ねた柴田殿の屋敷に赴きました。柴田殿は大いに喜び、私たちを歓迎してくれました。そして私たちがまだ食事をとっていないことを知ると、すぐに十分な腹ごしらえをするよう申し付けました。彼［柴田勝家］と佐久間殿は、すぐに国主を訪ねる所存であり、彼［信長］の顔色がよいようなら、二人は、私に彼と話をさせるべく（居館に）招き入れるため、私を呼ぶよう指示をするだろう、と言いました。

私が都から美濃国に来てこの方、日乗上人とその取り巻きの異教徒たちは、信長が内裏の命令である綸旨《リンシェオ》に従い、私の抹殺を命じるため私を捕縛するだろうという噂、またその後は都にキリシタンが存在するわけもなく、その記憶すらもなくなるだろうという噂を流しました。すぐさまこの知らせは、堺、尼崎《マンゲアサチ》、大坂《ウォサチャ》、三箇《サンガ》、その他キリシタンが住むところを走りました。ここで尊師は、キリシタンがこのあまりにも辛い知らせを聞いたときに抱いたであろう悲しみと憂いのことをお考えいただきたいのです。この異教徒たちは、彼ら［キリシタン］をさらに悲嘆に暮れさせ、神の教えを打倒せんとして、これにさらなる幾多の偽証を加えたのです。

その日の午後、佐久間・柴田殿が国主を訪ねましたが、私がここに来ていると告げられた途端、彼［信長］はそのことに喜びを表して、彼らに次のように言った（ということです）。「司祭を都から放逐するか殺害するための内裏の綸旨が与えられたことは、余には大きな悲しみである。司祭が居る国は、どこも直ちに破壊されてしまうという考えを押し付けようとするとは、世にも滑稽なことである。司祭への憐憫のゆえに、余は、司祭が都から退けられることのないよう庇護してやらねばならない」と。そして彼がそこにつくった新しい宮殿に行こうとしたときに出会ったので、私は彼に丁重な礼を表しました。彼はかなりの時間（そこに）立ち止まり、私の来訪を非常に喜んだ様子で、「いつ来たのか」と訊ね、「これほど遠いところまで余を訊ねてやって来るとは、思いもよらなかった」と（言いました）。その後彼は、かの二人の殿と三人の公方様の武将、そして竹内三位《タシノサミ》という神の教えの大敵を呼びました。竹内は、かつて私たちの都からの追放を弾正殿《ダジャンドノ》［松永久秀］に懇請した者ですが、しかし今は何の力ももっていません。そして他に、彼らと一緒に都の楽人も呼び、彼はこの八人乃至十人とともに新しい宮殿に入ったのですが、六百人以上の貴人が外に残されました。

清々しさ、美しさ、豪華さ、清潔さという点で、この宮殿に並ぶものを私は見たことがありません。私がもし優れた建築家でこれを描写できるのであれば、それを尊師に断言できる理由になるのですが、それは詮ないことであります。尊師も容易に御推測いただけると思いますが、信長は、来世というものはなく、目に見えるもの以外には何物もないという考えをもっています。またきわめて富裕であり、他の国主が何事においても彼を凌ぐことなく、逆に彼の方こそがすべてに勝ることを望んでおり、その偉大さを示すため、またその愉楽のために、地上の楽園としてこの宮殿の建設を決定したのであります。それは美濃の人が「極楽《ゴクラク》」といい、信長がきわめて多額の金子をつぎ込んだ、彼の楽園なのです。近くの門を入ってすぐ、私は後で記述するためにこの宮殿の様子を記憶しようとしましたが、目にするものがあまりに多く、第二のものの壮大さと完璧は、その前に心に留めておいたものを忘れさせました。長くならないようなことについて説明することにして、その他のことは、尊師にお会いしてうまく話せるであろう別の機会に委ねましょう。

この宮殿は、二年前信長が武力をもって奪い取った、この美濃国の主城がある非常に高い山の麓に建てられています。宮殿の外側には、石灰をまったく使わず、（面積が）広い上に（見事に）完成した石垣がありますが、石は驚くほど大きく、石灰の類をまったく必要としない（ほどぴったりと結合している）ということです。まもなく広場があって、それはゴアのサバヨよりも大きく、その一倍半もあります。入り口には上演や公の祝祭に使う大きな劇場風の部分があります。広場の両側には、木陰をつくるための二本の大きな果樹があります。

長い石段を上ると、ゴアのサバヨのそれよりも大きな部屋に入ります。この部屋の最初の廊下には見晴らし台と縁があって、町の一部が見えます。彼［信長］は、「余の邸を司祭に見せたいとは思うのだが、一方で、司祭がヨーロッパやインドで目にしてきた建物と比べ、余の作品はとるに足らぬものであろうから、躊躇するのだ」といったことを述べ、しばらく私たちとここで止まりましたが、「とはいえ、はるばる遠くから来たのだから、余が案内して披露しよう」と言いました。ここで尊師は、予め次のことを考えておかれるべきでありましょう。彼の深い寵愛を受ける側近であって

金華山……山頂にコンクリートの「天守閣」が見える。（昭和60年頃）

も、またいかなる（高貴な）人物であろうとも、彼が命じない限り決してこの宮殿には入れないのであり、（命じられて）入ったとしても、外から一番目の部分で彼と話をするのです。ということで、そのとき（一緒に）中に入ったその人たちも皆、宮殿を見るのはそれが初めてでした。ただ大工と石工、そして工事用の荷を携えた三、四名の彼の下僕たちのみが、閉じた扉の内へ入っていたのです。

内部の部屋や大広間は（まるで）クレタの迷宮で、すべてが巧妙に、思いのままにつくられていました。すなわち、（ここから先は）もう何もないと思われるところに座敷《ジャシキ》が現れ、これに続いてある一定の目的をもった別の部屋が次々に現れたのです。広間の最初の廊下は十五ないし二十の座敷へと至るのですが、これらは屏風《ベョウブ》──金彩の絵が描かれた幕のこと──で飾られた部屋であります。かけ金や釘はすべて純金でできていました。これらの座敷のそばには、きわめて上質の材木でできた廊下がついた珍しい縁がいくつかあり、それは鏡として用が足せるほど磨きがかかっていました。縁の壁には、日本と中国の古い物語を描いた素晴らしい幕がかかっておりました。

この縁の外側には五、六の美しい庭がありますが、すべてが珍しい物《メズラシス》で、新しく、何か雪のように白いものでつくられており、小さな空間をなしています。これらの庭のあるものには一パルモの深さで水が溜められており、その底には小石と雪白の砂が敷かれていて、たくさんの種類の魚が泳ぎ回っていました。また池の中央の表情豊かな石の上には、各種の薫り高い草花が生えていました。

その山からは水が豊富に流れ落ちていましたが、それはいくつかの広間に管で配水されており、美しい水口となって、他の場所でも家事のために思いどおりに使えるようになっています。

二階には大部屋と奥方の部屋があり、その侍女たちの部屋もありますが、下の階よりずっと優れています。座敷にはすべて錦の幕が下がり、山側と同じように、町の側にも多くの縁と見晴らし台がついています。そこには日本で望みうる限りの鳥の音楽、鳥の美があります。三階は山側へと、通路で水平につながっていて、茶《チャ》と称する粉末でできたものを飲む立派で美しい部屋、すなわち茶の座敷《ジャシェキス・デル・チャ》［茶室］があります。これらは非常に落ち着いていてまったく騒音なく、その完璧と調和は、私が見てきたものすべてに関して、これを超えるものがまったくないということは疑いありません。三階と四階の見晴らし台からは町の全体が見えますが、そこはすべて武将や主だった貴人が所有する新築の家々でした。宮殿を出たところの非常に長い通りは、政庁《コルテ》の人々や奉公人の家のみで、他の人の家は含まれておりません。

その後彼は、寵愛している者たち二、三人とともに、私とロレンソに茶の座敷を見せました。それらには不思議なほど工夫を凝らした別の部分［庭］が付属していました。下の一階にある座敷に戻ると、彼は篭一杯の物を持って着飾った一人の小男に来るように命じました。その男は踊り歌いましたが、人びとにとっては少なからぬ慰みになりました。彼は一階広間の別の縁に出て座りましたが、ここには私たちに供された砂糖菓子その他の食べ物がありました。こうしてその日の午後、彼は私たちを見送って（別れた）のです。

私が美濃国で見た中で最も驚いたことは、一族家臣がこの国主に仕える際の奇妙な流儀とその驚くべき迅速さであります。すなわち、手で立ち去るように合図を送っただけで、彼らはあたかも猛牛を目の前にしたかのように、大急ぎで互いにぶつかるようにして（走り去るのです。）公方様の親密な寵愛を受ける重臣であっても、ここ都で大変な勢威権力をもつ者でも、信長と話すときは両手と顔を地面につけるのです。顔を上げる者は一人としておらず、彼と話をするためには、皆路上でその通過を待ち受けるのです。政庁で交渉事を抱える者が少しでも国主と話す幸いに恵まれるとすれば、彼が城から下の宮殿へ降りる途次であります。というのは、（ほとんど）何びとも城へ上がることができないのは犯すべからざる掟であり、国主が、その家臣といえどもきわめて僅かの者にしか許可していないことだからです。

それから二、三日の後、私が持参した和田殿の手紙の宛先であり、国主の厚い寵愛を受ける側近である藤吉郎殿《トウシギルウドノ》が尾張国から到着しました。私がその書状を持っていくと、彼は大いに喜んだ様子でこれを受け取りました。そして私たちの宿が遠いと言って、私たちを食事に招きました。彼は私たちの面前ですぐに宿の主に使いをやり、何事においても（私たちの）面目が保たれ、よい扱いがなされるように、との言葉を伝えさせました。また私が準備に必要なものは何でも言うようにと言い、そして私を喜ばせるため、すぐに国主と交渉するので安心するように、と言いました。

　前日、信長は佐久間殿と柴田殿に「余は司祭が都に住むことができるよう支援したいと望んでいる」と言いました。この伝言を受け、私たちに同行してきたルイスというキリシタンに、都のキリシタンへ私たちの首尾を知らせる手紙をもたせ、また同時に和田殿に対しても、公方様が私に対して示した好意について了解していること、また内裏の側では公家《クンゲ》たちが彼（惟政）へ（異存はないと）返答したことを了解していること（の二点）を記した手紙を別途信長へ送っていただくのを、私が美濃で待っていること、その他を（伝えるよう）頼んで送り出しました。都のキリシタンたちは、この知らせが届いて大いに慰められました。この時和田殿は都から二十レグアの兵庫《フィアンゴ》にいましたので、キリシタンである立佐が引き受け、その荷駄（の運び人）にさらに続いて運ぶよう命じ、手紙とともに直ちに和田殿の許へ出立しました。和田殿は彼をごく近い親戚であるかのように、大変喜んで迎えたのです。

　そのキリシタン［ルイス］を都へ送り出した翌日、この藤吉郎という名の武将は、国主に私の交渉の問題について話をしようということであったので、公方様が私たちを支援するようにと、私がロレンソと作成した四、五行からなる手紙を彼に届けました。彼［信長］は、「この手紙は短くて余の意思に合ってはいない」と言って、すぐに秘書を呼びました。その秘書は彼の前で膝を屈し、別に一通を書きましたが、それはずっと長文で、内裏と公方様に対して私の庇護を求めるものでした。藤吉郎は国主の印判を押したこの手紙を私に手渡しました。彼は、別に一通を和田殿に、一通を日乗上人宛に書きましたが、それは私に対する大変な好意に基づくもので、国主が私に示した情愛を含むものでありました。彼はすぐに戦いに戻ってしまったので、私は柴田殿の元へ赴き、私に殿下が与えられた手紙（という好意）のゆえに、その手に接吻し、また別れを告げるため、面会のきっかけをつくっていただきたいと（柴田殿に）求めました。柴田殿は再び（私たちを）屋敷に招いたのですが、それは和田殿から受けたようなものに劣らないものでした。その後彼［勝家］は国主の元に参じ、私は再び彼［信長］と話し合いました。彼は多くの武将たちの前で「内裏でも、公方様でさえも取るに足るものではない。すべては余の支配下にあるからである。皆は余が述べたことのみをおこない、望むところに居るがよい」と言明しました。私は彼に「いつ戻るのか」と訊ねられたので。「すでに殿下の御処置をいただいたので、明日の朝に」と申しました。私の言葉に対して彼は「帰ってしまうとは、いかにもあっさりと短い。翌朝に城を見せたいので、（滞在を）二日間延すように」と言いました。すぐに有力な貴人の一人を呼んで、翌朝、私と都の彼の七、八人の貴人を招待し、柴田殿が食事の後で私を上の城へ連れて行くと彼に言い、公家の日野殿の一子に相伴《シオウバン》をして（信長の）かわりに一緒に食べるように申し渡しました。

私は尊師に本当のことを申し上げますが、このように政庁において処分の差配をおこなっている都や諸国出身の多くの武将など、信長の貴人たちは驚き、私とロレンソに対して好意を示すという、大いに奇妙で信長の習慣にはないようなことが何から来るのかわからず、驚くべきことであると私に言いました。異教徒の中で、何らの功徳も積んでいない私に多くの恩恵を与えるという至高の神の慈悲の泉から、すべては源を発しているということを彼らは知らないのですから、その驚きは無理からぬものなのです。

　また翌日の朝、中川《ナカンガワ》（重政）――八郎左衛門《ハシロサエモン》の別名［八郎右衛門］――が「食事の準備をし、あなた方をお待ちしています」という二つの伝言を家にもたらしました。私たちは（中川家に）行きましたが、確かに日本でできる限りの豪勢な招待の宴でした。国主から別の伝言が二回あり、仕度が整い次第、柴田殿が上へ連れて行くとのことでした。

　城の入り口にはある種の堡塁のようなものがありました。そこには絶えず十五ないし二十人の若者がいて、昼夜見張りに立ち、ある者が他へ替われば他の者がやって来ました。さらに城へ上ると、入り口の次に二、三の座敷や部屋があり、信長の領国における主だった諸侯の若い子息、年齢が十二歳から十五歳の者約百人がいました。国主は彼らを物運びや警戒の番として使っておりました。ここから中へ入る者はなく、彼の子息である王子（のみ）が仕えるのです。彼らは二人、上が十三歳、下が十一歳で、若様《ワクサレン》と呼ばれておりました。私は彼［信長］に贈り物を持参しました。その後信長が私を呼ぶよう命じたので、ロレンソと私は中へ入ったのであります。彼は次男を遣って茶をもって来させ、私に最初の磁器（の碗）を与え、自分は別のを飲み、そして三番目をロレンソに与えました。次に私に美濃と尾張の国の大部分を見せましたが、城から見えるのはすべて平野でした。縁に面した内側には、すべて金の屏風で豪華に飾られた座敷があり、周囲を二千本もの矢で取り囲まれておりました。彼は、インドに同様の城をもつ山はあるか、と私に問いました。そして会話を二時間半から三時間にも延長し、（世界を構成する）元素、太陽や月、星について、各地の寒暖の性質について、またこの国の習慣について質問しましたが、（彼には）それは大きな喜びと満足でした。会話の中ほどで彼は下の息子を呼び、夕食の仕度のために密かに中へ入らせましたが、それはそれまでにはまったくないことでありました。それは彼の性格にはないことであり、このようなことは他にまったく見ることのないことでした。

しばらくして彼は立ち上がり、中に入ってしまったので、私独り縁に残されました。私が気がつかないうち、彼は私のために膳を捧げ、彼の次男はロレンソへ別の膳を運んできました。そして「司祭たちが突然やって来るものだから、供するものが何もないのだ」と言いました。このように彼が甲斐甲斐しく私たちに情をかけるのを見て、明らかに息子たちは驚き、感嘆しました。その座敷での精美かつ豪華な食事が終わると、息子が色鮮やかな上等の絹の服をもって中から出てきましたが、それは帷子《カテリハ》で非常に繊細なベールのように薄く透明な布でした。私がこれを着ると、初めに居たところに入って来るよう私たちを呼び入れ、「よく似合っていると思う」と言いました。また息子たちに対して、「司祭にこれを与えたのは、都で面目が立つようにするためだ」と言い、「美濃へは何度でも訪れよ。それも夏が過ぎてからがよい」と言いました。（しかし）私たちの都での基盤を確かなものとし、国の有力者たちが私たちに禍をもたらさないようにするためには、美濃再訪が必要ではあるのですが、きわめて困難なことです。三人の貴人や国主、また彼の息子たちに何か贈物をすべきなのですが、この三、四年はすべてが不足していて、今の私は何も持っておりませんので、何ができるのか、私にはわからないのです。この後国主は柴田殿を呼んで、城を全部私に見せるよう命じ、愛情こもった言葉で別れを告げたのです。

私たちはその町《バリオ》に八日間滞在しました。昼間はほとんど任務に忙殺されていましたので、普通は帰宅した夜になりますが、国主に仕えている人やその町の大部分の人びとが、説教を聴くために私たちを待ち受けていました。その時まで誰もデウスのことを知らなかったにもかかわらず、（彼らが私から）聞いたことは大いに得心が入ったのです。そして彼らは、もう一週ここに留まるよう私たちに心から懇請し、多くの者がキリシタンになるでしょう（と言いました）。（しかし）私はそれに同意することができませんでした。というのは、私たちが帰るのをさらに延期するならば、著しい損失であり、異教徒たちにとっては、一斉にデウスの教えに対していっそう罵詈雑言を浴びせ、キリシタンに悪害をもたらす好機となるからです。また、国主の処置は私たちに対してきわめて好意的なものでしたので、岐阜で和田殿の返書を待つ必要が少しもなかったからです。

ここで、日本の物事を経験していない人は誰しも、次のようなことについての疑いが心に浮かぶことでしょう。すなわち、この地上は重要なものではないと考え、キリスト（の教え）に忠実に準えることを私たちの信条として、一時的な［この世の］物事のすべてを放棄しようと私たちが考えていながら、異教徒の国主から受ける好意と名誉──それは彼の政庁で受けるものです──について、私がこの手紙で特別な扱いで語ろうとしていることです。この手紙がこんなに長々としたものであることが、この（話の）題材について私が何か喜びをもっているためであるかのように見えることです。

しかし私の意図はただ単に、日本の方式について私より詳しく、この異教徒の交際方法が世界中の他のすべてのそれと如何に異なるかよく御存じの尊師へこのことを書き送ること、ただそれだけなのです。この疑問を打ち消すという点では、尊師や他の司祭、修道士たちは、（元々）そのような疑問をもっていないのですから、変わりありません。この地方における私の経験では、貴人たちの間で成果を上げるには、まず第一にその土地を治める国主や王子の意思を知っていることが、彼らの寵愛と名声、信用を私たちが得ているということを明らかにするために、基本的かつ必要なことなのです。これがなければ、人間（の力の及ぶところ）として言えば、成果を上げるべき何らの道もないのです。坊主《ボンソ》やデウスの教えを快く思わない人びとの前では、このような武器とその他国主の庇護がなければ、私たちに対する大きな嫌悪によって、長年人の心の中に築いてきたものが、短期間のうちに破壊されてしまうことでしょう。

私たちは岐阜から都へ帰って来ましたが、（その途中は）大雨が降り、歩いてくる道は悪く、食事も睡眠もよくとれず、また他にも、異国人であるがゆえに生じる類の物事が起きましたので、私がもしこれを利用することができたならば、功徳を積む上で小さくない好機に身を捧げることになったでしょう。さらにあの旅の中で、私たちは主に対するつとめを勤行したのですが、主はいつもどおりの慈悲と寛容によって私たちを助け、庇護されました。六月、私たちは都に到着するのですが、その時にはもうキリシタンたちの間では、いつまでも私たちを待つなどという思いはなく、その前に美濃に私たちを訪れるためキリシタン一人を派遣するという話し合いが進められていました。またそのキリシタンに和田殿の返書を託し、私たちに届けることも彼らは期待していました。

そして私たちは、突然戸口から入ってきたのですが、ここに召集されていたその他の人びと、そして都の全区域から集まったその他の人びとは、とりわけ上首尾だったその知らせ、そして彼らがほとんど期待していなかった、信長が私たちに差し伸べた支援という最新の出来事を知って、その喜びは間違いなくいや増し、すべての善の至高の創造者に対する無限の感謝で歓喜の涙を流したのであります。それは尊師に説明ができないほどのことでした。異教徒、主に坊主にとってはキリシタンの悲哀と痛心は喜びでありましたが、このことはすぐに都中に知れわたり、私たちの到着によって逆に異教徒の悲嘆と悲しみでキリシタンが生気を取り戻すよう、主はその慈悲を与えられたのです。

私たちが到着したその日、ロレンソはここから二十レグアの和田殿が居る兵庫へ出発しました。彼

［惟政］のお陰で私たちが彼の地［岐阜］で受けた支援という良い知らせを届けるため、私たちの任務に関する信長の手紙を持参したのです。彼はこれを受け取って大いに満足し、「それは一国を与えられることと同等以上のものである」と断言しました。

すぐにそこから彼は、ロレンソを連れて都の市から七レグアにある高槻《タカツシ》と称する彼の別の城へ戻りました。ここで二、三回信仰に関することについて（ロレンソから）説教を聴きましたが、（その教えの）道理を大いに好ましく思い、「それはわが意を得るものであった。すぐさま容易に認めることができる」と明言しました。（しかし）彼には世俗的な支配に力を行使しなければならないという障害があり、まだキリシタンとなる決心がつかないのです。

彼は城の広い敷地に入ると、ロレンソを呼び、きわめて良い場所を示して、「ここに教会を建て、その支援のために司祭と居住する二、三人の修道士に対して経費を負担してやりたい。司祭が都から堺その他の地へキリシタンを訪ねて行くときに、（その辺りはその途中なので）宿泊する場所をもつためである」と言いました。そしてロレンソに、その場所が満足できるものかどうかを訊ねました。そこは少し落ち着きがないとわかりましたので、彼は、「他の都合が良いところで、司祭たちの平安に適するところを探そう。余が都を訪れる際に司祭の意見を聞くことにしよう」と言いました。

彼はロレンソと高山殿に、私たちを迫害する反キリスト者に関して、（順に）行っていくべきことは何であろうかと質し、また彼［日乗］の尊大さを挫くためには策を用いるのがよいと考え、私の仕事に関して一通のきわめて謙虚で好意的な手紙をしたためました。そしてそれに二通、前述の藤《ホシ》吉郎殿《イオロドノ》と信長の秘書が日乗上人宛に書いた手紙を加えました。この処置によって、日乗上人がその（信長らの）返書を見るように彼［惟政］から日乗上人へ送るため、ショウオインドノという別の公方様の側近宛の手紙を携えたロレンソを都へ送りました。和田殿の手紙はわざと開けられて送られましたが、それは初めにキリシタンが中身を見るためでした。その内容を写すと次のとおりです。

「司祭は過日、美濃国に信長（様）を訪うため都を発ったが、その城において良い結果を得ただけでなく、（信長様は）大なる熱意を込めて司祭を支援するよう余に手紙を送られた。それは貴僧に会ったときに面前にて話そう。また、公方様におかれては別段何事もないということを、余は公家たちを通じて内裏にお知らせしたが、同様の御返事であった。司祭を都から追放する旨の命が出されたと知って、余は貴僧に対し、余の言を弁えるよう切に求めたが、また司祭を粗略に扱わないよう別に願いをしている。きわめて遠方からやって来た異国人であるからには余には彼を援助する責任があり、それを放棄することは決してない。

　司祭について藤吉郎殿と信長（様）の秘書夕庵《セキアン》が書いた手紙を送る。重ねて言うが、彼を庇護していくのに、貴僧に乞い願うこのようなことは、今後はないだろう。貴僧の仕事は、溢れるがごとき信心であり、巡礼の旅を続け、国の平和に向けて努めることである。それは確かに道理とよく一体となることであり、それゆえ貴僧には司祭を守られたく、また余にとってこれ以上の満足はないことを理解されたい。

貴僧は信長（様）に対して、余について多くの悪しきことを述べたと聞いているが、それは単に余が司祭を庇護しているために他ならないと推察している。とはいえ、この件については触れる必要はあるまい。

この件に関して触れるべき他の多くの理由には言及しないが、内裏と公方様においては別段問題がないのは明らかで、貴僧らが余や司祭を悪く言うことで後々するであろう後悔は、容易にわかることである。もし今後貴僧の善意において何事もしないのであれば、余にとっては完全なことではないが、（これ以上）同じ立場に立つよう求めることはないだろう」

まさしくこれによって、日乗上人は二つの理由に基づいて、私たちの迫害という邪悪な意志を諦めないという決心をしました。

第一の理由は、尊師への別の手紙で十分に申し上げたことであり、おわかりになっていることですが、この都で信長の前でおこなわれたあの議論のことです。これは、彼が（議論に敗れた）その悲しみを救おうと、二十五の論点において私を論破したと方々すべてで宣伝していることですが、その分（かえってその敗北のことが）明確にわかってしまったのです。異教徒たちの幾人かは表面上彼に同心しました。しかしながら、主な貴人たちの大部分は、彼が断言することを信じていません。

第二の理由は、私を五畿内全域から追放するか、どこであっても私を見つけ次第抹殺し、教会を破壊するための内裏の綸旨を引き出したことです。彼は堺その他多くの場所においてこの綸旨を旗印に掲げ、即刻これを遂行すると断言したのであり、それを実現しないと、彼の世俗的な価値と力に対して皆が認めていた権威と信用が失墜したままになるからであります。彼はその尊大さを募らせるように、和田殿へ次のような返書を送ったのです。

「拙僧は貴殿、藤吉郎及び信長（様）の秘書からの手紙を拝見いたしたが、バテレンに対する扱いに関しては、それが悪魔の教えを広めることであること、国主の（拙僧に対する）帰依と尊崇及びその命に反するということを知らねばならない。それは神々［神仏］のお陰という尊敬（の心）を汚すものであり、悪魔に対する日本の教えにとって有害な妨げとなり、その悪魔の居場所とすることである。（バテレンの）宗派となる者のみならず、これを援ける者もこの国がもつ習慣と善すべてを汚すに任せ、罪を犯すものである。それゆえ公方様より刑に処すことを望むといわれたのであり、信長（様）は内裏と公方様の意志に任すと自署を入れた手紙を送ったのである。その一方で貴殿は彼に好意と庇護の気持ちをもっておられるとの話を聞くが、それは拙僧には大いに疑問であり、日本の法と神への信仰についての拙僧の理解力を超えたものである。ところで、良き習慣があって世界は繁栄するものであるが、上の者も下の者も貴殿の支配下の国にあるのである。しかしながら貴殿がこの人物を援けられるということが拙僧には理解できない。日本、中国、印度、三処の始原より今日に至るまで、（これらの）国を支配するのは世俗的な権力にあらず、仏僧においてあるのである。

貴殿はこの手紙を信長（様）にお見せするがよかろう。その理由を言えば、貴殿はまことに有害なこの人物の庇護者たらんと欲しておられるが、拙僧には日本の諸国すべてと同じほどの益と能力があるのだから、拙僧の側に居られた方がはるかに道理にかなうことであるからである。もし貴殿が神仏の教えを広めようと望むのであれば、拙僧とともに一致して事をなすべきである。またもし再び宗論するのがよいとお考えなら、我らは決着をつけよう。

原初より今日に至るまで、人びとは道理と真実を愛し、その反対の表明を憎むものである。拙僧が貴殿に願うのは、拙僧に関するこのような習慣を消すことのないように、ということである。

それゆえ、拙僧は日本の六十六カ国すべてにとって益のある者であり、その平和と安寧のために貴殿を補佐し、公方様と信長（様）につながるという点でも、拙僧と同等な第二、第三の者も居ないことは疑いない。しかし、もし拙僧に不正や無礼、あるいは何か下劣なる点があるのなら、貴殿に御意見をいただきたい」

和田殿は、この手紙には返答しない方がよいと考えました。彼は直ちに入洛し、公方様に事の次第を理解していただき、信長が私に与えた好意により、この仕事が首尾よく達成されたことを報告するので、私に教会の整備を終えてそこに移って来るよう伝えてきました。

五、六日後、この反キリスト者は信長に私を追放する旨の綸旨を示すため、美濃に向けてこの地を発ちました。彼の出立を私たちが知るに至ると、私は直ちに和田殿へ知らせるためロレンソを高《タコ》槻《キ》へ派遣しました。柴田殿や藤吉郎《イトキシロ》に対し、彼らが信長の面前で、この悪魔が神の教えと私やキリシタンに対してめぐらせた策略を打破するよう手紙を送ってもらいたいと、彼〔惟政〕に乞うためであります。彼はすぐさまそのような手紙を作成するよう命じましたが、それは私たちが願った以上に長大なものでした。それを家の若い者に持たせて美濃へ送り、その返事を待っているところです。和田殿は、多くの武将の前で彼〔ロレンソ〕に対して次のように言いました。

「余は神の教えについていくつかの説教を聴いたが、余にはこの世の創造主以外に何物もないことは明らかであり、日本の神や仏はすべて人間の創作であって馬鹿げていると考えている。それゆえ、今日に至るも余はキリシタンとなる決心がつかないのではあるが、この司祭を援護するのは余の責務と心得ているので、我が城内に教会を建てさせようと思う。このため、余はここから少し離れたところにある神社を接収すべきであろう。そしてそれを取り壊し、司祭が堺へ赴いたり都へ来たりする折に帰るところとするため、この教会を建てるのである。これについては、余がすべての費用を持つので、司祭がそれ以上の出費をすることを望まない。司祭が、いつの日かここを通るか留まろうとするときは、たとえ余が不在であっても当家から費用を出そう。教会がまだ建っていないうちは、我が屋敷に泊めるであろう。司祭は少人数の供しかいないので、教会の維持管理のため、必要となるものすべてを付与した者二名をもって扶助しよう。

すべての点を勘案して、（万一）内裏が彼の都からの追放を命じられたとしても、約六レグアのところに居るのであり都の内も同然である。余は、都へ赴く時はいつも彼を連れて行き、一、二カ月そこに滞在するだろう。それは速やかに都へ上る決定をするという意図だけでなく、公方様と内裏とともに教会と司祭に関する諸事取り決めを完了し、我が力をそれへ注ぐということである。すべき事務処理に形をつけたならば、その件について信長（様）に報告するため美濃に赴く所存である。自分の支配地に関して進めるべき他の交渉事も抱えているので。

今、この五畿内の各地では、はやり病のため多くの人間が死んでおり、百姓たちもまた農事に忙しいので、教会のために用意されている適当な場所に小さな小屋の建設を決定した。冬が過ぎ、戦の妨げがなければ予定どおり教会を建てよう」

ここから二人のキリシタンが彼を訪ねて行きましたが、はやり病のため彼は床についていました。（しかし）その病も彼らの妨げとなることはなく、即刻会おうと（臣下に指示して）伝え、大いに歓待しました。それは二人には驚くべきことでありました。

ロレンソは招かれて彼の地に滞在しております。私たちの主の受難の功徳をもちまして、彼に健康を賜らんことを。なぜなら彼は、ここで私たちの皆が差し迫って必要としている人であるからです。彼は私たちを大いに援助していますが、そのことが、他の異教徒の殿が陰口を叩き、そのおこないを非常に咎め立てする理由となっているのです。私たちの主は、すべての創造者である以上、私たちの庇護を放棄することもありません。

以上が、今のところ私から御送信申し上げることです。そちらでは、コスメ・デ・トルレス師に対してこの知らせをお伝えいただくか、手紙そのものを送られることもできましょう。私たちの主なるデウスの御手に尊師が抱かれますことを。アーメン。

都より。

一五六九年七月十二日

足下　ルイス・フロイス

ルイス・フロイス関連年表

和暦（年）	洋暦（年・月）	日本	海外
明応三	一四九四・六		トリデシリャス条約。西葡両国が世界分割を取決める。
天文元	一五三二		ルイス・フロイス、リスボンに生まれる。
天文四	一五三五		メキシコがスペインの副王領とされる。
天文六	一五三七・六		ザビエルらの「同志の会」が、イエズス会となる。
天文十七	一五四八		フロイス、イエズス会に入会、ゴアへ向かう。
天文十八	一五四九・八	フランシスコ・ザビエル、鹿児島に来着。	
天文十九	一五五一・一	ザビエル、入京する。	
天文二十	一五五一・十一	ザビエル、日本人五名とともに離日する。	
天文二十一	一五五二・十二		ザビエル、中国の上川島で死去。

ルイス・フロイス関連年表

弘治元	一五五五	ロレンソ、修道士となる。	
永禄二	一五五九・十二	ガスパル・ヴィレラ、将軍足利義輝と会う。	
永禄三	一五六〇・六	義輝、教会保護の禁制を下付する。	
永禄六	一五六三・六	大村純忠、肥前横瀬浦で受洗する。	
永禄六	一五六三・七	フロイス、横瀬浦に来着。翌月、横瀬浦が襲撃される。	
永禄八	一五六五・二	フロイス、初めて入京。	
永禄八	一五六五・六	義輝が殺害される。	
永禄八	一五六五・七	伴天連追放の勅令が出る。フロイスら、堺へ移る。	
永禄八	一五六五・十		スペイン人、太平洋を東行、航路を開拓する。
永禄十	一五六七・九	織田信長、小牧山から岐阜へ移る。	
永禄十一	一五六八・十一	信長、足利義昭を奉じて上洛する。	
永禄十二	一五六九・四	フロイス、京都帰還を果たし、信長に謁見。	

永禄十二	一五六九・五	フロイスとロレンソ、信長の面前で朝山日乗と宗論。	
永禄十二	一五六九・六	フロイスら、岐阜に信長を訪ね、陳情。	
元亀元	一五七〇・六		スペイン、マニラ占領を宣言する。
元亀元	一五七〇・六	カブラルとオルガンチーノ、天草志岐に到着。長崎開港。	
元亀元	一五七〇・七	カブラル、日本布教長となる。	
元亀二	一五七一・十	フロイスとオルガンチーノ、信長に謁見。	
元亀二	一五七二・一	フロイスとロレンソ、カブラルに随行して岐阜に再来訪。	
天正元	一五七三・九		ヴァリニャーノ、巡察師となり、ローマを出発。
天正二	一五七四	大村領民の大量改宗、領内で寺社の破却が進行する。	
天正四	一五七六・三	信長、安土へ移る。	

天正四	一五七六・四	京都の新教会（南蛮寺）の棟上式が挙行される。	
天正四	一五七七・一	フロイス、九州に異動となる。	
天正六	一五七八・八	大友宗麟が受洗。領内の寺社破却が始まる。	
天正七	一五七九・七	巡察師ヴァリニャーノ、口之津に来着。	
天正七	一五七九・十二	日本年報の作成開始（ヴァリニャーノの通信制度）。	
天正八	一五八〇・五	信長、オルガンチーノに安土の修道院用地を下付。	
天正八	一五八〇・八	カブラル、日本布教長辞任をローマの会総長に懇請。	
天正九	一五八一・三	ヴァリニャーノ、京都で信長に謁見。	
天正九	一五八一・四		スペイン国王フェリペ二世、ポルトガル国王を兼位。
天正十	一五八二・二	ヴァリニャーノ、天正遣欧使節を伴い、長崎から出航。	

天正十	一五八二・六	本能寺の変。信長・信忠父子が斃れる。	
天正十二	一五八四・十一		天正遣欧使節、スペイン国王に謁見。
天正十二	一五八五・一		ローマ教皇グレゴリオス十三世、日本布教をイエズス会に限る旨の勅書を発布。
天正十二	一五八五・三		天正遣欧使節、ローマ教皇に謁見。
天正十三	一五八六・十一		ローマ教皇シクストゥス五世、フランシスコ会の日本宣教を認める。
天正十四	一五八六・五	日本副管区長コエリュとフロイス、大坂で秀吉に謁見。	
天正十四	一五八六・十二	『日本史』第一部が完成する。	
天正十五	一五八七・七	秀吉、伴天連追放令を公布する。	
天正十八	一五九〇・七	ヴァリニャーノ、帰還の遣欧使節を伴い、長崎に入港。	
天正十九	一五九一・三	ヴァリニャーノ、インド副王使節として秀吉に謁見。	

天正二十	一五九二・十	ヴァリニャーノ、フロイスを伴い、長崎からマカオへ。
文禄五	一五九六・十	スペイン船「サンフェリーペ号」、土佐に漂着する。
文禄五・慶長元	一五九七	織田秀信、オルガンチーノから受洗
慶長元	一五九七・二	二十六人のキリシタン、長崎の西坂で刑死。
慶長二	一五九七・七	フロイス、長崎で死去する。
慶長三	一五九八・八	ヴァリニャーノ、三度目の来日。
慶長三	一五九八・九	秀吉、伏見で死去する。
慶長五	一六〇〇	関ヶ原合戦。その前哨戦で岐阜城落城。

参考文献・論文

1 浅見雅一『キリシタン時代の偶像崇拝』東京大学出版会、二〇〇九年

2 内堀信雄「美濃における守護所・戦国城下町の展開」『守護所と戦国城下町』所収、高志書院、二〇〇六年

3 内堀信雄「井口・岐阜城下町」『信長の城下町』所収、高志書院、二〇〇八年

4 内堀信雄「東海二〇〇八~二〇一〇」『都市を区切る』所収、山川出版社、二〇一〇年

5 勝俣鎮夫「加納の楽市場」『岐阜市史』通史編原始・古代・中世、一九八〇年

6 岸野久『ザビエルの同伴者アンジロー――戦国時代の国際人』吉川弘文館、二〇〇一年

7 木戸雅寿『よみがえる安土城』歴史文化ライブラリー一六七、吉川弘文館、二〇〇三年

8 岐阜市教育委員会『千畳敷――織田信長居館伝承地の発掘調査と史跡整備』一九九〇年

9 岐阜市教育委員会・(財)岐阜市教育文化振興事業団『岐阜城跡――織田信長居館伝承地の確認調査および岐阜城跡の遺構分布調査』二〇〇九年

10 小島道裕「戦国期城下町の構造」『戦国・織豊期の都市と地域』所収、青史出版、二〇〇五年

11 小島道裕『信長とは何か』講談社、二〇〇六年

12 米井力也『キリシタンと翻訳――異文化接触の十字路』平凡社、二〇〇九年

13 財団法人京都市埋蔵文化財研究所『つちの中の京都一』二〇〇九年
14 ザビエル生誕五〇〇年記念シンポジウム委員会『ザビエルの拓いた道――日本発見、司祭育成、そして魂の救い』南方新社、二〇〇八年
15 清水紘一『織豊政権とキリシタン』岩田書院、二〇〇一年
16 白石喜宣『宣教師ザビエルの夢――ユダヤ・キリスト教の伝統と日本』光言社、一九九九年
17 千田嘉博『織豊系城郭の形成』東京大学出版会、二〇〇〇年
18 千田嘉博・小島道裕『天下統一と城』塙書房、二〇〇二年
19 高橋裕史『イエズス会の世界戦略』講談社、二〇〇六年
20 谷口克広『信長の親衛隊――戦国大名の多彩な人材』中央公論新社、二〇〇五年
21 土井忠生・森田武・長南実『邦訳日葡辞書』岩波書店、一九八〇年
22 仁木宏「美濃加納楽市令の再検討」『日本史研究』五五七号、二〇〇九年
23 藤田尚子『遠藤周作「沈黙」草稿翻刻』遠藤周作文学館（企画）、二〇〇四年
24 堀新（編）『信長公記を読む』吉川弘文館、二〇〇九年
25 松田毅一『南蛮史料の発見――よみがえる信長時代』中央公論社、一九六四年
26 松田毅一・川崎桃太『回想の織田信長――フロイス「日本史」より』中央公論社、一九七三年
27 松田毅一・川崎桃太『フロイス・日本史1』中央公論社、一九七七年
28 松田毅一・川崎桃太『フロイス・日本史3（五畿内篇Ⅰ）』中央公論社、一九七八年
29 松田毅一・川崎桃太『フロイス・日本史4（五畿内篇Ⅱ）』中央公論社、一九七八年

30　松田毅一・川崎桃太『フロイス・日本史5（五畿内篇Ⅲ）』中央公論社、一九七八年
31　松田毅一・E・ヨリッセン『フロイスの日本覚書——日本とヨーロッパの風習の違い』中央公論社、一九八三年
32　松田毅一『十六・七世紀イエズス会日本報告集第Ⅰ期第1巻』同朋社、一九八七年
33　松田毅一（監）・家入敏光『十六・七世紀イエズス会日本報告集第Ⅰ期第3巻』同朋社、一九八八年
34　松田毅一『新装版・南蛮のバテレン』朝文社、一九九一年
35　松田毅一・東光博英『日本の南蛮文化』淡交社、一九九三年
36　松田毅一（監）・東光博英『十六・七世紀イエズス会日本報告集第Ⅲ期第1巻』同朋社、一九九八年
37　松田毅一（監）・東光博英『十六・七世紀イエズス会日本報告集第Ⅲ期第2巻』同朋社、一九九八年
38　松田毅一（監）・東光博英『十六・七世紀イエズス会日本報告集第Ⅲ期第3巻』同朋社、一九九八年
39　松本和也「織田信長関係イエズス会書翰の研究序説——織田信長初見史料、一五六八年十月四日付ルイス・フロイス書翰の考察」『研究キリシタン学』十号、二〇〇七年
40　松本和也「永禄十二年イエズス会京都滞在可否をめぐる動向について——一五六九年六月一日付ルイス・フロイス書翰の考察」『研究キリシタン学』十一号、二〇〇八年
41　松本和也「宣教師からみた信長・秀吉」（堀新編前掲書所収）
42　松本和也「永禄十二年伴天連追放の綸旨の影響——一五六九年七月十二日付ルイス・フロイス書翰の考察」『研究キリシタン学』第十二号、二〇一〇年
43　村井早苗『天皇とキリシタン禁制——キリシタンの世紀における権力闘争の構図』雄山閣出版、二〇

〇〇年
44 村田修三「岐阜城の縄張り」（前掲文献5所収）
45 ルイス・デ・メディナ『イエズス会とキリシタン布教』岩田書院、二〇〇三年

おわりに

外国語で書かれた史料を日本語に翻訳するおもしろさがあるとすれば、その作業の過程で新たな発見があるということだろうか。翻訳とは、ある言語でできた文章を一つ一つ別の言語に置きかえていくことに相違ないが、一つの単語でも複数の意味をもつことはよくあるから、正解の訳文が一つだけとは限らない。だから過去に邦訳されている史料であっても、別の人が新たに独自の読み方をすることができるので、そこに新解釈が成り立つ可能性がある。

元々一考古学徒であった私が翻訳という畑違いの作業に手をつけたのは、宣教師ルイス・フロイスが書いた文章と、信長の館跡と伝えられる遺跡の発掘調査で出てくる遺構とがどう結びつくのか、確かめてみたいというのが動機だった。信長あるいは岐阜について彼が書いたものの多くは、写しや刊本を含めて、すでに一級の研究者たちの手によって邦訳され史料として利用されている。そのため一方で無意味な試みになるかもしれないと思いながら、なお発掘調査に携わった者にしかできない翻訳の仕方もあるだろうと考えたのである。幸運なことに、刊本ではあるが、岐阜市歴史博物館が未邦訳の『アルカラ版書簡集』を所蔵していて、これをテキストとすることができた。

結果として、信長の「宮殿」が複数形で表現され、「三階から山側に水平に通じる」と解釈されることから、この居館が山の斜面に沿って連続するいくつかの建物から構成されるもので、その奥に茶室に付属する庭があったという想定にたどり着いた。これは発掘調査の結果ともよく一致し、実際にこの発掘現場に立って西の方を向けば、ここから町の全体が見えたというフロイスの記述の確かさがよく理解されるのである。その町は信長の「政庁」に勤務する家臣たちが住み、商人が活躍する市場とは別の町だったという推定ができることは上の章で述べた。

翻訳という作業には、謎解きのようなおもしろさもある。mezurasis《メズラシス》という単語が「珍しい物」（複数形）という意味の和製スペイン語であるという単純なことに気づくまでには、何冊もの西日辞書・葡日辞書にあたり、誤植やスペルの誤りの可能性まで考えることが必要だった。七月十二日付の手紙の Quechijubeo《ケチジュベオ》は、明智十兵衛（光秀）のことであるが、これがわかったのは翻訳を始めてから三年目のある日のことで、気がつけば何ということもないが、その時はまるで発掘調査における新事実の発見のように、驚きと嬉しさが突然に訪れたようだった。後からわかったことであるが、これはフロイスの記録に初めて登場する明智光秀の名であった。

フロイス一行が江濃国境を越える時に出てくる Ichitu という固有名詞は、越前を表すと考える人もいるし、初め私は濃州「石津」と読んでいた。最近は前後の関係から、これは地名ではなく、Iesus つまりイエズスの誤植か転記ミスを疑うようになったが、まだまだ不明といわざるを得ない。わずか一語の訳語の違いで、文章全体がまったく変わってくることもあるので、決して疎かにできないが、同様な不確かさは至るところにあり、最初に述べたような多様な解釈の可能性はここにもある。今回掲載した二通の手紙では、信長の行動や考え方、風貌や性格などにも触れているが、もしかすると、いずれ新たな翻訳によって驚くような新解釈がなされるかもしれない。

＊

本書は、平成二十一年「中日新聞」紙上に連載した随筆「宣教師が見た信長の岐阜」に大幅に加筆修正、さらに十六世紀スペインで刊行されたイエズス会宣教師の書簡集の中にある手紙二通の翻訳文をつけたものである。

加筆が大きなものになった第一の理由は、前回テーマとした司祭ルイス・フロイスの岐阜訪問の時代背景をさらに掘り下げたいと考えたことである。地域史の一こまに見えるこの訪問には、イエズス会の日本布教方針やポルトガル王国の極東戦略などが深く関係している。いわば戦国日本の歴史が地球規模で西洋史と接点をもったということであり、どうしても執筆対象の範囲を広げたいと考えたのである。また本書の主人公は二人であるが、イエズス会宣教師の動きを追ったことで、信長よりフロイスの方に重みがかかる結果となったかもしれない。

第二には、現在進められている金華山麓の遺跡発掘調査で、毎年新たな知見が得られていることである。信長居館跡と考えられるこの遺跡の調査では、石垣や庭園の跡などフロイスの記述と一致するように見える遺構の存在が明らかになりつつある。平成二十年度までの成果はすでに正式な調査報告書として公表されているが、その後の調査でさらに興味深い発見が続出している。現時点で最大限言及できる範囲のことを髙橋方紀氏が解説した。

フロイスの二通の手紙は、彼が書き送ったものの中でも、本能寺の変や二十六聖人殉教事件の特別報告と並んでよく知られたものである。すでに故松田毅一博士が中心となって完訳されたエーヴォラ版書簡集（ポルトガル語版）に掲載されているし、私も五年前にアルカラ版（スペイン語版）の一五六九年七月十二日付けの手紙を邦訳した。本書では、当時の訳文を訂正・修正し、さらに同版の六月一日付の手紙の訳文も加えた。後にフロイスが著した『日本史』の一五六九年に相当する部分の多くは、この二通を下敷きとしたものであるが、比較すると細かなところで違いが出てきている。二つの刊本の間でも、表現はまったく同じではなく、戦国日本の出来事がヨーロッパでどのように受け止められたのか、これらを比較しながら追ってみると興味深い。

ただ最近松本和也氏が、六月一日付に続いて、リスボア国立図書館所蔵の七月十二日付の手書き写本をほぼ完訳されている。これらは刊本であるエーヴォラ版やアルカラ版より記述が原本に近い可能性が高く、史料的価値は両書簡集に勝っていると思われる。これらの手紙を厳密に分析し、史料として研究に用いる方は、同氏の訳文を利用された方がよいだろう。

本書の執筆にあたって、中日新聞社及び岐阜市教育委員会・岐阜市歴史博物館の方々にご指導・ご協力をいただいた。また写真資料等の使用を許された所蔵者各位に厚く感謝申し上げる次第である。

髙木洋

[編著者紹介]
高木 洋（たかぎ・ひろし）
1949年、熊本県生まれ。名古屋大学大学院文学研究科修士課程修了。元岐阜市歴史博物館長、岐阜県博物館協議会委員。

髙橋方紀（たかはし・まさのり）　コラム執筆
1974年、岐阜県生まれ。佛教大学文学部史学科卒業。岐阜市教育委員会社会教育課（織田信長公居館跡発掘調査担当）

装幀／夫馬デザイン事務所
[カバー写真]
ルイス・フロイス像（坂井公明作、長崎県西海市横瀬浦公園）
アルカラ版書簡集 本文（岐阜市歴史博物館蔵）

宣教師が見た信長の戦国――フロイスの二通の手紙を読む

2011年3月10日　第1刷発行　（定価はカバーに表示してあります）

編著者　髙木　洋
発行者　稲垣 喜代志

発行所　名古屋市中区上前津 2-9-14　久野ビル
振替 00880-5-5616 電話 052-331-0008
http://www.fubaisha.com/
風媒社

乱丁・落丁本はお取り替えいたします。　＊印刷・製本／モリモト印刷
ISBN978-4-8331-0549-1

尾張名所図会　絵解き散歩

前田栄作　文／水野鉱造　写真

天保年間につくられた「尾張名所図会」。そこに描かれた場所の現在の姿を紹介。見慣れた風景、馴染みの地域の江戸時代の姿といまを重ね合わせ、未来の姿に思いを馳せる。訪ねてわかった郷土の素顔！

一六〇〇円＋税

なごやの古道・街道を歩く

池田誠一

大都市名古屋にも、こんな道が！　名古屋を通っている古道・街道の中から、江戸時代のものを中心に二十二本の道を選び、街道ごとにその道の成立や全体像、そして二〜三時間で歩ける区間を紹介する。

一六〇〇円＋税

吉田一彦

民衆の古代史

『日本霊異記』に見るもう一つの古代

日本古代の社会体制を「律令国家」と捉えることは、果たして真実と言えるのか。古代の日本の民衆の生活実相とは？最古の仏教説話集『日本霊異記』をひもとき、律令からはみ出して生きる民衆の実像を探った好著。

一七〇〇円＋税

赤塚次郎

幻の王国 狗奴国を旅する

卑弥呼に抗った謎の国へ

日本列島の二、三世紀の風景を考古学資料を駆使して再検討し、邪馬台国の最大のライバル狗奴国の実態を探る。固定された古墳文化のイメージを揺さぶる新しい邪馬台国論の誕生！

一六〇〇円＋税

東海の城下町を歩く

中井均 編著

織田信長・豊臣秀吉・徳川家康の誕生地であり、彼らを支えた数多くの武将の出身地でもある東海地方。この地域には江戸時代に多くの城下町が栄えた。今もそこかしこに残る城下町の歴史と風土を訪ねる。

一五〇〇円+税

聖徳太子と日本人

大山誠一

これまで日本史上最高の聖人として崇められ、信仰の対象とさえされてきた〈聖徳太子〉が、架空の人物であると証明した問題作。どんな意図で、誰の手によって〈聖徳太子〉が作り出されたのか?

一七〇〇円+税